U0057387

AQUARIUS

AQUARIUS

AQUARIUS

AQUARIUS

Vision

一些人物，
一些視野，
一些觀點，
與一個全新的遠景！

怪癖心理學

あなたの中の異常心理

日本知名精神科醫師
岡田尊司

顏靜 譯

【推薦文】

從怪癖中探索人性與自我

◎蘇益賢臨床心理師

心理學是一門探索人類行為與心智的科學。而當中，臨床心理學這個學門，特別專注於探究人類行為當中異常的一面，並試著為這些現象找出背後成因，以及有效的處遇方式。這些工作主要由受過訓練的臨床心理師來完成。

在取得執照前，心理師養成路上得接受不少心理學知識與臨床實務的訓練。在受訓的這七年裡，我們其實與「怪癖、怪異」這幾個字，有著分不開的緣分。

好比，引領我們踏入這個領域的第一堂基礎課程就稱為「變態（異常）心理學」。我對這堂課有個特別深刻的印象。在大二剛開學的第一堂課時，教室擠滿了許多「不是」心理系的學生，不少外系學生希望能加簽這堂課。

這種「熱潮」或許透露著，不只有心理學家對變態、異常的人類行為感到好奇，其實許多大眾也對這類人類行為深感興趣。不過，在老師開宗明義解釋了變態的（真正）定義，以及這堂課會討論哪些內容之後，開學第二週的教室就恢復了「常態」，留下的清一色幾乎都是心理系的學生。

在討論變態或本書要談的「怪癖」之前，從原文abnormal一字來思考會有些幫助。此字意指：「非」「常態」。但到底要如何界定常態與非常態呢？

這個問題正是變態心理學這堂課的第一個重點，而答案是，專家至今仍沒有一個完美答案。目前僅存在一個多數專家都能接受的共識：我們不能用「單一」指標來判斷行為是否正常，而須仰賴多種指標來做綜合評估。這些指標好比：

- 偏離常態（Deviance）：這個行為是不是「不」符合典型常態分配內多數人的樣貌？
- 喪失功能（Dysfunction）：這樣的行為，是不是已讓人失去生活能力，好比無法工作、無法完成課業、自我照顧、人際關係都因此顧不好？
- 個人主觀痛苦（Distress）：這種行為本身是否讓當事人自己感覺痛苦不堪？
- 造成危險（Danger）：這種行為是否會對當事人自己，或者周遭的他人與社會帶來危險性？

每一個用來判斷異常與否的指標都有限制，不能僅仰賴單一指標做出判斷。好比，新聞上出現的反社會人格特質的殺人犯，可能並不至於「失功能」（他還是可以好好上班），自己也不覺得痛苦（不構成個人主觀痛苦），但他違法的行為確實造成了社會危險。讀者可善用這些指標作為輔助，來觀察、思考本書裡的不同案例。

此外，我對這堂課還留下另一個印象。當時總覺得不少課本裡的描述，好像就是在講自己。後來發現，這種「似曾相識」的感覺，會出現在不少修習變態心理學或醫學系的學生身上，被稱為「醫學生症候群」。我們時常看著看著，就不小心「對號入座」了。

也許，讀者您也會在某段文字中，看見自己的影子。其實，我們也和書裡提到的各個主角一樣，身上多少都有些「非典型」的存在，不管你稱為怪癖、異常，或「怪」都好。這些我們與其他人不一樣的地方，或許正構成了我們每個人自己獨特的樣子。

因此，我們不需要急著替自己貼上任何標籤，反倒是要記得，正常與異常之間的界線真的很模糊。書中不同角色也為我們示範了，他們如何善用自己身上與他人「不一樣」的特質，將之轉化為力量，成就了自己獨特的生命故事。這是我想提供讀者，可以輔助您閱讀本書時的第一種觀點。

●

再來我想分享的是，本書以「真實人物」作為書寫主體的這部分。

過往閱讀心理相關書籍時，不免會看到許多「模擬個案」。礙於倫理考量，書籍在介紹個案時，往往必須從真實案例來改寫或改編。有時為了要精確地呈現出症狀的特色，示範的案例有時過於「完美」與「單純」。讀起來總有種隔靴搔癢的「間接感」，常感覺某些案例不夠立體。

本書以真實人物為主角，透過資料回溯，一步步從史實資料分析他們的性格面貌。這種切入角度讀起來別有另一種滋味。畢竟，這些人物都曾經是真實、活生生的人啊！雖然分析起來複雜，也難以用一套簡單的理論來企圖完整歸納他的一生。但這種複雜性，其實更接近人類心理的本質。

我想，這也是為什麼心理學理論會如此多元、百花齊放了。在每個行為——不管它是所謂正常或異常——的背後，我們總能找到不同角度與理論去理解與詮釋它。

這也提醒了我們，既然人類行為能用各種理論與觀點去詮釋，那本書作者對這些人物的心理學分析，也就只是其中的一種詮釋而已。同樣的人物，交到不同專家手中，很可能會寫出不同版本的《怪癖心理學》。

閱讀本書時，偶爾你會覺得作者的分析很有道理；而有些時候，你可能對作者的詮釋不這麼有感覺。這是非常ＯＫ的。我們對於作者分析是否認同，背後可能源於每個人自己生命經驗與成長背景的不同。

在探索人性時，這種允許「百花齊放」的開放性是格外重要的。我自己的經驗是，當我們願意放下預設立場，開啟「好奇心模式」，我們的重點就不再是「支持或反對」某些觀點，而是想去知道，這種觀點與理論是如何發展出來的？透過這種觀點，能幫助我們更深入探究出人性的哪些面貌？

若能採用這種方式來閱讀本書，跟著作者一起練習探索人性，相信這趟閱讀之旅，會變得更加樂趣。

祝福您，閱讀愉快！

蘇益賢

臨床心理師，臉書粉專「心理師想跟你說」共同創辦人，初色心理治療所副所長；專長為青少年與成人心理治療、職場員工協助、情緒與壓力管理、正向心理學。

【序言】

你的影子操縱著你

每個人都有異常心理

人類是具有兩面性的生物。任何人都有生活中的另一面，我們既有做正確的事情的衝動，也隱藏著想要做壞事的衝動，這就是人類。如果只是一味地要求自己做正確的事，而忽視自己內心隱藏的另一面，只會讓自己變得怪異。

為什麼有些有社會地位的人，會因偷窺少女的裙底而被抓？又為什麼有些明星因盜竊或服用興奮劑而被逮捕？甚至，一位普通的母親為什麼會將自己的親生骨肉虐待至死呢？

難道這類事件都只是一些發生在特殊人群當中的特殊事件嗎？絕對不是！其實很多人的內心深處都存在著具有危害性的不正常心理。

長期以來，我作為精神科醫生曾經診治過很多這樣的心理病人，他們深陷異常心理狀態而無法自拔，並做出傷害他人、傷害自己的事情。他們之中，有人從小沒有得到家人的愛，在充滿暴力的環境下長大，因此患上了異常的心理疾病；也有一些人過於要求自己去做正確的事情，反而適得其反，偏離了正常的心理活動和行為。

人類本來就是具有兩面性的生物，有些人沒有真正理解這一點，強迫自己只去做正確的事情，結果適得其反，這樣的事例在生活中不勝枚舉。當你能坦然地接受自己兩面性的本質，兩面性的本性也會逐漸淡化，你會逐漸失去想做惡事的心理。

現實中，大多數人都覺得自己的心理是正常的，往往忽視自己內心的另一面。但是，他們又會在某個瞬間突然意識到自己內心的陰暗面。所以說，一味地要求自己做對的事情、好的事情，而完全忽視自己內心的另一面，有可能遭受到無法想像的困擾。

本書的目的之一，是讓讀者了解每個人心中都會隱藏著的另一面，這一面並非指人內心醜惡的異常一面，而是扎根於人性本質當中的一面，即帶領大家稍微換一種角度去看待人性中的「惡」與「異常」。如果能夠覺察到潛伏在自己內心的異常心理，也能幫助你健康安全地度過人生的低潮。

「異常心理」不等於「精神障礙」

至今很多有關異常心理的書籍，其關注點基本上只是在明確闡述「異常」這一心理狀態，我所讀過的圍繞著異常心理展開論述的書籍，大多也只是在羅列解說各種精神疾病的心理病名而已。

這樣的書籍與其叫作異常心理書籍，倒不如叫精神科症狀學，又或者叫精神科診斷學更為貼切吧。

在有關異常精神醫學的教科書中，無一例外都只是在單純地講述精神醫學，即把異常心理與精神障礙做同一認定。換句話說，這些書籍都將異常心理直接看作精神障礙問題。反過來說，就是如果一個人被看作有異常心理，那麼判斷這一點的前提條件便是這個人存在精神障礙問題。

我認為這種前提相當無厘頭。首先，異常心理並不僅僅是伴隨著精神障礙問題而來的，其次，精神障礙問題所具有的心理特徵也並不只侷限於由異常心理而導致的心理特徵。一個身心健全的人，也經常會在某一瞬間受到「異常心理」的困擾而做出常人無法理解的異常舉動來。而且，具有精神障礙的人也存在與異常心理無關的其他精神症狀及困擾。

雖然具有異常心理的人，其內心存在一定的心理異常，但他們幾乎不存在精神障礙患者所具有的典型症狀。異常心理症狀也有可能在某種情形下，暫時出現在一個健康的普通人身上。更何況對於異常心理這一概念，就連討論如何給正常和異常這兩種心理狀態劃定界線都是毫無意義的，因為這兩種心理狀態之間只有程度與頻率的差別而已。

異常心理中有意思的地方，並不在於正常與異常兩者意義上的差別，而在於兩者的相連性，即正常人的心理有時會演變為極其異常的狀態。我們如果能認識到連結異常與正常中間過渡的這一心理狀態，就能理解很多極其異常的心理狀態是如何產生的，也能幫助我們認識一些日常生活中經常遇到的、連自己都難以理解的異常行為。

本書的探討點在於，介於正常心理與鮮明的異常心理之間，一種在任何人身上都有可能出現的心理狀態。它與正常心理相鄰近，稍一過度便會演變為異常心理。此外，這本書也會讓你了解到，這種心理狀態絕對不只是潛伏在某些特殊人群身邊，而是同時存在你我的內心之中。

異常心理所傳達的真相

我們之前講到，大多數異常心理的萌芽都是在孩童時代，大多數人在孩童時期都多少存在異常心理的傾向，但是隨著時間的推移，我們會在成長過程中慢慢克服它。

也有一些人不斷受這些異常心理的牽引，漸漸走向極端，最終演變成不合常理的極端異常心理。

普通人有時也會因置身於強大的壓力與理不清的糾葛當中，回歸到本來應該已經克服掉的不成熟的心理狀態，因而失去平衡，走向極端的異常心理。這種情況的發生，多數是受孩童時期成長環境的影響。

生活當中經常會有這樣的例子，有些人透過自己的努力，在學業和工作上都取得了傲人的成績，看似已經完完全全克服了過去的傷痛，然而一旦遭遇強大的壓力，曾經經歷的創傷又會重新浮現，因而再次陷入不穩定的心理狀態中。

從這種意義上來看，一個人人格基礎的形成，其嬰幼時期到孩童時期的這段生活經歷，起著極其重要的作用。如果這段時期能夠在相對安定的成長環境中度過，一個人便很難陷入極端的異常心理中，也很難做出危害社會、傷害自己的行為來。

透視各種異常心理的型態，其共通的內在要素會逐漸浮現出來。即異常心理會告訴我們，人類生活中所不可缺少的事物是什麼。當這個事物受到威脅、被掠奪時，我們為了彌補它的不足，甚至會展開殊死搏鬥。而我們在這個緊要關頭所採取的作戰策略，就是在內心形成某種超越常識的「異常心理」來抵抗這種威脅。

因此，了解異常心理，不僅會幫助我們了解異常心理的內涵及其應對方式，我們還會了解到，讓正常心理跨越界線、踏入異常領域的重要因素是什麼。為了在人生中不迷失自己，幸福地生活下去，我們也要從異常心理中探討一下人類生存所必需的東西。

目錄

第二章　潛藏在身上的罪惡快感

目錄

第四章 你被反向心理所愚弄

目錄

目錄

第一章　恐怖的完美主義

恐怖的完美主義

完美主義是異常心理的入口

完美主義是日常生活中常見的一種心理狀態，它有時會被看作一種正常心理，有時會被認定為一種極端的異常心理。但完美主義和潔癖症一樣，都具有強迫自己維持事物完整性及秩序的心理傾向。

具有完美主義特質的人，當原本計畫的事情沒有按照自己所期待的方式展開，他們便會萬分失望，認為整件事情糟透了。

完美主義在良性狀態時，會成為積極向上、高水準表現的原動力。事實上，不論是在學業上，還是在職場、家庭以及子女教育上，完美主義者經常會取得較好的成果。學生如果做不到要求自己在考試中拿到一份滿分的答卷，便不可能取得優秀的成績；無論是創作、演奏還是參加競技比賽，若做不到完美無缺，便不可能獲得讓他人望塵莫及的技術性成功。因此，只有不斷地追求完美，才能保持奮鬥不息。

正因如此，完美主義多出現在對父母和老師言聽計從的優等生身上。他們在努力追求完美的過程中，不斷積累成功的經驗，而追求完美所獲得的各種成績更強化了他們追求完美的欲望。

然而，完美主義是雙面刃。完美主義使人不斷向上，但當這種對完美的追求遭遇困難時，完美主義者會產生強烈的病態心理，此時，完美主義者若不能適時捨棄追求完美的心態，這種不完美的、計畫之外的現實狀況，便會使完美主義者陷入遠超於非完美主義者的焦慮感中。不完美的現實已成定局，無論完美主義者如何努力都無濟於事，**這種努力追求完美的信念只會讓完美主義者陷入痛苦的境地**。

因此，當完美主義者在工作、人際交往、戀愛或子女教育等不是只靠個人努力便能解決一切問題的領域中遇到問題，他們會很容易受挫。**這種追求完美的願望，會逐漸演變為想要控制周圍的事，使其按照自己的預定計畫進行。**但這種控制欲不可能總是順利達成，這又會讓完美主義者感到挫敗。

完美主義因此被看作是一系列精神疾病和精神問題的先兆特質。憂鬱症、厭食症、焦慮症、邊緣型人格障礙、酒精依賴和心身症等精神疾病，以及虐待狂、工作狂、夫妻關係及其他人際關係的破裂、各種嗜癖行為，甚至是自殺等，這一系列精神問題，不僅與完美主義者自身所產生的精神壓力有關，也與很難實現十全十美的現實息息相關。

無法接受妥協與模糊

完美主義者這種追求完美的願望，有時已超出完美地完成某件事的境界，更多時候還影響到一個人的價值觀和生活方式。

其表現之一便是**注重事物的秩序性和社會道德觀念**。小到一絲不苟地整理房間衣物，時刻保持房間整潔；大到生活中事無巨細地遵規守矩，完美主義者對任何事情都親力親為，絕不允許有一絲馬虎。這樣的良好素質，無論是在家庭生活還是職場中，如果能積極追求，生活定會幸福，擁有這種品質的人也會是優秀的管理者。

但若稍微追求過度，不懂得妥協和通融，不能適度地接受模糊，就會引起不必要的摩擦和壓力。比如，孩子弄髒了桌子，老公亂扔襪子，有些人甚至連一點輕微的汙漬都忍受不了，光是看到這種場景就覺得汙穢不堪，痛苦不已。

還有這樣一些人，他們僅認可自己的做事方式，對於與此相悖的任何事物都無法接受，以致任何事情都要親力親為，任何事情都要干涉過問，結果使得周圍的人緊張兮兮，愈來愈沒有幹勁。

他們對他人的失誤、不足也缺乏容忍度，僅只一次的過錯或不當行為也無法容忍。一旦出現這種錯誤，就與之斷絕關係。不僅是對他人，他們對自己也同樣要求完美。

三島由紀夫的完美主義

作家三島由紀夫就是典型的完美主義者，這一點可以從他作品中近乎完美的一字一句以及極高的作品完善度上看出來。而實際上，正如人們所知曉的，他本人的性格和生活方式都滲透著強烈的完美主義色彩。

眾所周知，三島先生極其看重約定。不管是寫哪一部作品，他都會在截止日期前完成。據說他對時間的要求也非常嚴格，自己從來沒有遲到過，也從來沒有等候別人超過十五分鐘。

據說三島先生還是單身的時候，有一次他約女方吃飯，對方遲到了，於是三島先生留下一張字條，上面寫著「請慢用」，在離開之前他甚至連飯錢都付了。從這件事情便可以看出三島先生對於不守約定的人是如何蔑視與諷刺。

還有一次，三島先生與作曲家黛敏郎一起進行歌劇創作。黛敏郎因為沒有按約定時間完成作曲，向三島先生道歉並申請上演時間延期，三島先生卻直接取消了作品的演出。這件事也導致之後兩人關係決裂。如若沒有按最初約定的進行，三島先生寧願放棄也不會有一絲妥協。

這樣的完美主義，大概也是三島最後選擇自殺的淒慘結局原因之一吧。

無法釋放本能

具有完美主義特質的人總是被束縛在正直善良的義務感中，無法將自己的本能隨心所

欲地釋放出來。他們認為本能和欲望是汙濁邪惡的。

在性生活上，完美主義者通常表現得僵硬，動作呆板拘謹，無法做到真正從內心去享受。這也是因為完美主義者的內心太過束縛，無法自由地釋放自己的本能和欲望。這樣的人，理性思維太過發達，壓制了自己真正的感覺和想法，他們常常拘泥於表面形式，太過看重別人對自己的評價，最後都不知道自己原本期待的是什麼了。

完美主義者總是能在虛幻的理想世界中找到自己所憧憬的愛人，因為只有在這樣的假想世界中，他們才能找到完美無瑕的對象，所以他們也常常會把偶像和明星看成自己理想的另一半。

而當現實中那位異性出現在自己面前時，完美主義者又會覺得眼前這位是如此滑稽、醜陋，愛情的幻想也隨之破滅。**完美主義者即使真正遇到了理想中的異性，也不能真實地表達自己的感情，因為對於盡善盡美的追求，使得他們無法如實地坦露自己的欲望。**如實說出「我想看到你的肌膚，想和你一起做愛」這樣的話，對於完美主義者來說太傷自尊，因為親口說出這樣的欲望，等於是把自己性的缺乏以及渴望真實地展現出來，這無疑是對自身完美的自我否定。

完美主義的悲劇：《黑天鵝》

由娜塔莉．波曼領銜主演的電影《黑天鵝》講述了一個完美主義者的悲劇，娜塔莉．波曼也憑藉這部電影獲得了奧斯卡最佳女主角的殊榮。

影片講述芭蕾舞演員妮娜作為首席舞者被選拔為《天鵝湖》的天鵝王后，而天鵝王后必須同時出演純真無瑕的白天鵝和魅惑邪惡的黑天鵝。有潔癖的妮娜在白天鵝的表演中無可挑剔，卻始終無法演繹出極具妖媚的黑天鵝。總監湯瑪斯告訴她必須完全釋放自己，真正了解性的喜悅。但是妮娜對親身體驗性的快樂有極大的排斥。不僅如此，完美主義的妮娜也無法接受邪惡的自己，常常有想懲罰不完美的自己的衝動，因此她經常摧殘自己的身體。

為了能夠完美地詮釋「黑天鵝」這一角色，妮娜甚至瀕臨精神崩潰。她不斷節食，身體愈來愈消瘦。為了能完全釋放自己，妮娜甚至開始吸食大麻，放縱於情色肉欲之中。然而，這一切只是讓她的精神更為錯亂，最終陷入充滿幻覺與妄想的世界當中。

影片中還有一位極其重要的人物——妮娜的母親。妮娜的母親也曾夢想成為一名出色的芭蕾舞演員，後來由於懷上了妮娜，不得不放棄夢想，但她又時刻都在憧憬這一天，於是她把自己的希望全部寄託在女兒妮娜身上。和所有精心呵護孩子的母親一樣，她對妮娜一直嬌生慣養。但是，透過電影中的某些片段，我們可以窺視出妮娜母親的異常心理。在得知妮娜被選為首席舞者的時候，她特地準備了一個大蛋糕在家裡等妮娜。而妮娜卻因正在節食表現得很不情願，這時妮娜的母親立刻變了臉色，要把蛋糕扔進垃圾桶裡。

妮娜立刻慌忙上前安慰母親，吃了一口蛋糕。妮娜這完全是在看母親的臉色做事。從這個片段可以看出，表面上好像是妮娜無私奉獻的母親在支撐著一切，實際上一直費盡心機維持這一切的卻是妮娜，妮娜的母親一直是在依賴著妮娜而生存。

總監告訴妮娜，如果要感受到性愛的愉悅，可以嘗試進行自慰。第二天早上，當妮娜醒來想在床上自慰時，突然發現母親正在床後面的椅子上打盹。妮娜母親的目光甚至投向妮娜的性生活，這一幕充分表現出妮娜的生活無時無刻不被母親束縛著，她必須在背負苦痛的同時，做母親眼中純潔無瑕的好孩子。

對於在過度承受父母的期待及愛護的環境下長大的人來說，妮娜的情況絕對不是特例。她可以完美地詮釋白天鵝的純真無瑕，卻無法演繹出黑天鵝的邪惡魅惑；試圖真實地表達自己的欲望，適度地追求自身本能的愉悅感，卻時常被無處不在的母親的目光所束縛阻礙著。

「我終於完美地做到了。」妮娜最後雖然嘗到如此的成就感，達到藝術的巔峰，卻付出了無比沉重的代價，不僅失去自己的肉體和靈魂，最後甚至昏死在舞台上。

潛藏在完美主義下的病理

完美主義也可以說是一種審美意識。完美主義者覺得完美的事物是一種美的享受。百分之九十九的美還不足以讓完美主義者覺得滿足，他們要求的是徹徹底底的美、百分之百的美。可是百分之九十九和百分之百之間幾乎沒有實質性的差異，所以說，完美主義者的這種心態完全是一種極端的心理約束。從這層意義上來看，**完美主義只不過是一種審美的滿足**。完美的事物，即沒有任何瑕疵的事物，存在某種特殊價值，它與對事物的言語化、表象化的不斷追求密切相連，因為如果沒有言語或符號這類表象事物，完美的狀態也不可能存在。因此，與某種表象完全一致才是完美的狀態，而不斷追求這種狀態的，正是完美主義。

也就是說，**完美主義並不是創造出來的，其本質是強迫性地反覆追求某一事物**。對於完美主義者來說，其最大的目的便是實現與預定計畫相同的結果。而究竟為什麼要反覆強迫自己，這一點其實並不重要。反覆追求同一性，可以說是完美主義者內心所具有的一種根本衝動。

探討至此，我們便可明白，為什麼一旦一個地方出了差錯，完美主義者便很容易強迫自己反覆去做，而且，所謂強迫性的反覆行為，就是以反覆自身為目的的。

完美主義者容易陷入各種嗜癖行為，比如工作狂、暴食症及反覆嘔吐、沉溺於減肥、無法停止自虐或是虐待別人、酒精成癮等，其背後便是忘記本來目的、為了反覆而反覆的強迫性反覆病理在作怪，只是程度不同而已。

喜歡反覆做同一件事的孩子

和小孩子一起玩耍幾分鐘，你就會發現他們特別喜歡反覆做一件事情。總是反覆地做同一件事，這對大人來說很沒意思，卻能帶給孩子無比的歡喜。

很受歡迎的童話書，其結構基本上都是千篇一律。即便如此，孩子們還是百聽不厭，一直讓你讀給他們聽。人類大概本來就有反覆做同一件事的衝動吧，因為那樣能讓人心情舒暢，無比愉悅。

尼采在《查拉圖斯特拉如是說》中宣揚，「同一物的永恆輪迴」是事物的終極真理，佛洛伊德在《超越快樂原則》中將「反覆衝動」看作與性欲一樣，是人類所具有的基本衝動之一。

隨著我們長大成人，我們會逐漸放棄這種強迫性的反覆行為，開始喜歡更加豐富多彩的事物，而當我們面臨壓力，失去平衡，本來的反覆衝動便會加劇重來。**所謂的完美主義，在某種意義上可以說是一種超越反覆衝動、向更高級別追求的昇華型態，而當這種追求一旦偏離方向，其基本的強迫性衝動部分便有可能表現出來。**

優秀的白領為何反覆賣淫？

生活中有些完美主義者，一旦在現實生活中無法得到滿足，便會逐漸陷入病態性的強迫反覆當中，甚至做出極其異常的行為。典型的例子便是一九九七年發生的「東電ＯＬ

殺人事件」中，被害女子的雙重生活。

這起殺人事件發生在澀谷圓山町的情人旅館街上，它的特殊之處就在於，比起謀害者，被害人的一切更受人關注。人們起初只知道被害人是一名一流企業的白領，隨著被害人的真實身分不斷明朗，人們大吃一驚，原來被害人白天是一名綜合職職場女性註，晚上則站在街頭拉客。

再聯想到我們剛才所講述的完美主義所具有的病理性特徵，也就不難理解這位女性異常的生活了。

儘管如此，對被害人的身分愈了解，其兩種不同身分之間的差異也愈來愈明顯。據《東電ＯＬ殺人事件專題報導》，被害人從慶應義塾女子高中畢業後直接進入慶應義塾大學，後進入東京電力，開始踏足調查研究的領域，也曾寫過有關經濟學關係的論文。她的父親在她大學期間去世，母親的親戚當中有很多是當醫生的，在這樣優秀的家庭背景下成長，她所走的道路本該也是光明的。

註：綜合職是日本的一種僱傭制度。日本公司正式社員一般分為綜合職和一般職。前者必須服從公司要求，隨時被派遣到外地的分公司工作，為公司的主體。後者不會被派遣到外地，但也沒有任何晉升機會，以普通勞動力和女性居多。

然而，從她被害前幾年開始，她不斷地賣淫，招攬客人從來不管對方打扮如何。她在那個地段小有名氣，據說每天從傍晚下班到末班電車之前的幾個小時裡，她平均一天接待四位客人。而且，休息日的白天，她也會做情人旅館的賣淫女，晚上又會站在圓山町的街頭。就這樣，她幾乎從不休息，反覆賣淫。

據說，她最初要求客人的價錢是兩萬五千日圓到三萬日圓，而在被殺前的那段時間降到了五千日圓，有時甚至是三千日圓。只要能招攬到客人，不管價錢多低，不管是什麼樣的人，她都會去拉客，然後帶他們進入神泉車站前面的蔬菜店裡交易。

關於圓山町那個地方，我也有些許回憶。我還在駒場讀大學的時候，有個朋友住在圓山町的一間公寓裡，所以我們幾乎每天都會一起去一條小路上的居酒屋喝酒。從駒場到圓山町只有很短的距離，有幾次我也曾在朋友的公寓裡過夜。朋友的公寓和被害人被害的地方一樣，廁所是任何人都能使用的公共廁所。那個時候，在神泉車站的周邊也會有些像被害人一樣偷偷站在街頭的賣淫女，可她們並沒有明目張膽地去招攬客人。如果不是朋友告訴我，我不會發現她們。

我們可以看出，被害人每天的工作量相當過度。白天要在公司工作，晚上還要接待四位客人，這可不是一般人承受得住的，況且她還要親自拉客。

被害人的遺物中有一本筆記本，裡面滿滿地記錄著客人的資訊，她有一次還從家裡打電話拉「生意」。據說為了節省客人負擔的旅館費用，她甚至約客人到公園裡。現在想起那個稍微有點記憶的煞風景的公園，我便覺得不寒而慄。及至最後，她不再帶客人去旅館，而是把他們帶到廢棄的空屋中交易，這也直接導致了她後來的被害結果。

為什麼她要做到如此地步呢？經濟上她並不拮据。在一流企業工作，年收入將近一千萬日圓，即便是經濟困難，她也有一個很好的社會地位。

她之所以賣淫，目的當然還是獲取金錢。她平時花錢很精打細算，自己帶的罐裝啤酒一定要求別人付款給她。她會去居酒屋用撿到的啤酒瓶換些錢，還會把情人旅館贈送的票券認真收集起來，以便換些禮品。她也在賣淫這一行業上花費了相當大的精力，曾經為了多接待客人，竟然同時在一個地方接待三個男人。無論是老男人還是外國人，她從來不會拒絕。據說有一回她突然打開男性客人住的公寓門，並引誘說：「今天要不要做愛啊？」

難道她是色情狂嗎？似乎不是。因為她在做愛時沒有感到一點快感，幾乎不會發出聲音。毫無疑問，她並沒有把賣淫當作一份謀生的職業，她只是沉迷於賣淫女這一「職業」當中。

潔癖和飲食障礙

她在高中時代雖有些潔癖，但總歸是在良好的家庭環境下長大的好學生，這個時期她的潔癖症還是正常健康的，甚至可以說是發揮了正向的作用。

據說她的潔癖症逐漸發展成病態，是從大學時候開始的。當時她最尊敬的父親由於癌症去世了。父親只有五十多歲，人生剛剛過了一半就遺憾地走了，家裡的支柱沒了，這無疑給家人帶來巨大的悲傷和沉重打擊。

她必須在全家人的悲傷中站起來，撐起這個家。從那時起，在周圍人眼中，她就像變了一個人似的，高中時那個身材圓潤豐滿的女孩子開始變得瘦骨嶙峋，也開始變得讓人無法靠近。身體開始暴瘦是因為她在父親過世前後患了飲食障礙。據說她被害的那段時間，儘管已經瘦得皮包骨頭，還一直在吃減肥藥。

飲食障礙中，患厭食症的人其特點是他們很多都是極其勤奮努力的人。這位女性看來也具有這個非常典型的特徵。學生時代，她對課業以外的事情概不關心，沒有任何娛樂活動。她逼迫自己參加國家公務員的高級等級考試。朋友說她是個「只靠頭腦生存，完全不懂娛樂的人」，這是多麼讓人痛心的事。

最終，她還是沒有通過公務員的考試，和父親一樣，最後在東京電力就職。於是她又為成為經濟學家而努力，開始不斷發表論文。「工作真開心！」她曾自豪地說道。進入公司五年後，她因飲食障礙惡化住進醫院，這也是她工作太辛苦的緣故吧。

然而，在進入公司的第八年，在連續發表三篇論文以後，就像燃盡的火焰一樣，她再也沒有發表過論文。就如媒體所說，那個時候她剛開始在俱樂部做陪酒女，四、五年後，她更是真真正正地進入到那個行業。

事業走到盡頭，之前為事業所傾注的能量只能透過反覆賣淫發洩出來。這種脫軌行為的產生，一方面是因為她感到事業已經到了極限，另一方面也是因為在賣淫的世界中才能感受到自我價值的實現吧。

據說她曾經對一位比較親密的客人說，她開始陷入賣淫而無法自拔，是因為賣淫的第一位客人給了她一筆相當可觀的錢。

對於時運不濟、開始走下坡的人來說，能夠讓自己感受到自我價值的世界才是應該去的世界。即便那個世界違法或是不合乎道德，對於急於得到認可的人來說，這樣的問題恐怕不是什麼重要的問題。

抹不掉的傷痛

人們經常固執於某種行為或想法，並且會有反覆去做或思考的衝動，這樣的反覆衝動我們稱之為「**強迫性**」。

日常生活中，人們經常會有這樣的衝動，會不自覺地想去重複做某件事，而且覺得自己必須去做，這種強迫性衝動在不知不覺當中控制了人的心理，操縱了人的行為。

強迫性衝動到底是什麼呢？我們可以從佛洛伊德發表過的某位女性的病例當中得到些啟發。這位女性經常反覆從自己的房間走進隔壁房間，然後把女傭叫來，吩咐她做一些無關緊要的事情。她為此感到很苦惱。而當佛洛伊德問她為什麼要那麼做時，她的回答自然是「不知道」。直到治療有所改善，這位女性終於說出一直壓抑在她心靈深處的那段日子。

新婚初夜，她的丈夫患了陽痿，好幾次進入房間試圖和妻子圓房，但每次都無法做到。第二天，當女傭來收拾床鋪時，這位女性生怕自己初夜失敗的事情敗露，便想用紅墨水往床單上滴個印跡，可是她失手把印跡滴到了完全不可能出現的地方。

這位女性奇怪的強迫性行為，正是在反覆表演丈夫新婚初夜很丟臉的那一幕。佛洛伊德在文中進一步解釋，因為丈夫說害怕他陽痿的事情被女傭發現而讓他丟失顏面，所以這位女性反覆吩咐女傭做一些無關緊要的事，其實是想讓女傭相信她的丈夫並沒有陽痿。也就是說，她其實是想洗清那夜自己所受的恥辱。

然而現實是，從幾年前開始，這位女子就已經和丈夫分居了，現在的她正苦於是否該選擇離婚。佛洛伊德解釋說，在這種情況下，有必要強調說明的是，他們分居的原因並不是丈夫陽痿。

暫且不論佛洛伊德的說法恰當與否，人類總有一種重複曾經失敗或受傷場面的反覆衝動，這點是無法否認的事實。不僅僅是逐一回憶，或是夢見自己曾經受傷的場景，而且還會透過各式各樣的方式去表現或再現那段場景。

比如，**小時候受過虐待的孩子，會做出虐待動物甚至自殘的行為。不管是霸凌別人還是被別人霸凌，都可以看成是一種過去受到傷害時的情景再現。**

現實中也經常會有一些在父親的家暴下長大的女孩子，她們最後也會選擇一個有暴力傾向的男人做配偶。當然，最開始她們並不是因為所選的配偶有暴力傾向才會選擇他們，只不過同樣的狀況總會再次出現在她們身上，她們還是生活在家暴下。在受過強暴之類性侵的人當中，有些人很難再與別人建立性愛關係，也有不少人從此陷入賣淫或是與此類似的生活當中。

前面講到的東電ＯＬ殺人事件，當中的被害女性也是一樣，據說她曾向一些老顧客透露，她之所以會陷入賣淫「生涯」，另一個原因就是她曾經和有家室的上司發生過婚外情，因為最後被拋棄，所以藉賣淫來洩恨。由此可見，強迫性的賣淫行為，其根本原因與由無法開花結果的性愛關係而造成的心理創傷有關，在某種意義上，可以說上文中的賣淫行為也是一種體外傷痛的「情景再現」。

印在心底的心理暗示

以上所說的強迫性行為都是由於糾結於某種心理創傷而導致的結果，除此之外，還存在另一種強迫性行為，它不同於心理創傷，而是由從小便已印在心底的某種自我心理暗示所引起。在這一類強迫性行為中，印象最深刻的例子當然是岸田秀先生了。我之前也提過有關岸田秀先生的某些資訊，現在，我在這裡重新介紹一下。

作家岸田秀先生雖然不是精神科醫生，但他在佛洛伊德的精神分析學方面有很深的造詣，人們所熟知的最暢銷代表作品是《懶惰的精神分析》。岸田之所以會對精神分析學產生極大的興趣，是因為其自身也曾苦於神經性的精神症狀。岸田的症狀很奇妙，據說他大學的時候總是反覆想把自己從來沒借過的東西還給別人。比如說，他經常想把自己沒有借過的雨傘、金錢等還給別人。「我有借給你過嗎？」面對對方驚訝的表情，岸田總是堅持地讓別人收下，並編造一些從來沒有發生過的事情。

岸田說他完全不知道自己為什麼要那樣做。第一次揭開事情的謎底，是在他讀了佛洛伊德所寫的一份病例報告的時候。那份病例報告就是我們一般所稱的「狼人」病症，岸田讀著讀著便愣然了，因為狼人的症狀與他的症狀完完全全是一樣的。

在這一重大發現之後，岸田發覺，自己總是想要把從未借過的東西還給別人的這個強迫性行為，其根源與母親經常對自己所說的話有關。實際上，岸田是他母親領養的孩子，他的養母對他精心愛護，把他撫養長大，每天都會對岸田嘮叨：「你知道把你撫養長大有多辛苦，需要花多少錢嗎？」她還時常對岸田灌輸這樣的話語：「你一定不能忘記我的養育之恩，將來一定要報答我。」

岸田認識到自己的問題之後，一直束縛在他身上的強迫觀念也逐漸消失，他再也沒有想把沒借過的東西還給別人的衝動了。

人總是會被小時候父母經常嘮叨的話語感染，進而形成一種心理暗示，在不知不覺中被它支配。在現實生活中這種現象絕不少見，甚至可以說，我們大多數人都會被這種心理暗示牽引。這種心理暗示只有在當事人做出特別讓人無法理解的事情時才會被當作「精神症狀」問題來對待，只要其與日常生活保持一體化，多數時候還是被看作理所當然的現象。

我們再回頭看東電ＯＬ殺人事件中被害人的故事，可以發現有一種心理暗示一直在驅使被害人，那便是她必須努力工作，必須承擔起一家人的重擔。這種心理暗示無疑從小時候開始便植入她的腦海當中。「比起玩耍娛樂，自己更應該努力去做自己應該做的事情，並且一定得拿出成果。」這樣的強迫觀念絕對不是一朝一夕便能建立起來的。

由此我們可以推測，被害人是受雙重強迫心理的驅使，而陷入病態性的強迫行為中。其中一個強迫心理，便是她那種凡事都要追求完美的信念，這個信念從小便扎根於她的內心世界；另外一個強迫心理便是她無法忘記曾經受過的傷害，從而促使她反覆進行沒有愛情果實的性愛行為。再加上巨大金錢財富的引誘，在短短的幾年裡，那種異常行為便成為她生活的一部分。

當揮之不去的強迫性衝動與一顆受過傷害的充滿仇恨與孤獨的心靈結合在一起，便會造就一個不拒任何來客的賣淫女，這是多麼令人心痛的事情。

禁欲的甘地

潔癖、丟棄私欲、為善，這樣的心境是很令人崇敬的。可是，**哪怕只是潔癖這點，有時稍稍行之過度便會呈現出與病態性強迫症狀相差無幾的「異常心理」**。

印度獨立運動之父——穆罕達斯・卡朗昌德・甘地，他的潔癖是出了名的，並且他還推崇禁欲。他的潔癖也許是與生俱來的，而他之所以會推崇禁欲這樣尤為嚴酷的行動，與曾經發生在他身上的一件不幸之事有關。甘地在很年輕的時候便已結婚，有一晚，當他看到病榻上的父親病情稍微穩定，便離開父親回到自己的臥室，放肆地與妻子纏綿起來。然而，就在他離開父親後不久，傭人便跑來說他父親生命垂危。在父親臨死之際，自己竟然沉溺於肉欲當中，這讓甘地感到了強烈的負罪感。

「一切都完了！我只有緊搓雙手，我愧痛交加，連忙跑到父親的房裡。」

「我當時若不為肉欲所蒙蔽，本可以在父親生命的最後一刻守在他身邊，分擔他的痛苦。這將是跟隨我終生、揮之不去的汙點。」——《甘地自傳》

在那之後，甘地的孩子在出生後三、四天便夭折，這更增強了甘地內心的罪惡感。甘地覺得，這是自己所犯罪惡的報應。

為了彌補自己內心的創傷及罪惡感，甘地越發追求禁欲的生活。他在年輕時就已經有此徵兆，隨著時間的推移，他的這種追求變得愈來愈強烈，首先表現在素食主義及拋棄一切虛偽物質的潔癖性格上，這兩點也成為他日後不斷陷入紛爭的根源。後來甘地成為律師，從來不輕易妥協的性格也讓他不斷捲入各種紛爭，他逐漸成為反對不正義鬥爭的領袖人物。而另一方面，他越發嚴厲地拋棄各種私利私欲，生活也越發簡單樸素。

比如說，一開始，他不去洗衣店而是自己親手洗衣服，就連襯衫的領子也親力親為。他認為這樣不僅可以節省洗衣的費用，而且不用麻煩別人、依賴他人。當然，作為洗衣門外漢，甘地洗出來的衣服並不怎麼乾淨，有時還會鬧不少笑話，但他毫不介意。他也不讓別人給他理髮，而是自己用理髮剪理頭髮。理出來的樣子從鏡子裡看勉強可以，但後面卻推得深一塊淺一塊，但是甘地從來不在意這些。他不讓傭人打掃廁所，而是自己親自動手。在當時，律師的地位是很高的，但甘地的行為卻有悖於常人。

他從南非返回印度的時候，支持者給他舉辦了一場盛大的送別會，並贈予他很多價值連城的珠寶首飾作為餞別禮物。為了南非的印度人，他從欣喜若狂的妻子手中強行拿出一半的寶物當作信託財產留了下來。

甘地逐漸不依賴任何人，所有的事情都親自動手。他開始親手做麵包，就連做麵包用的小麥粉，他也不去買而是自己製造。他買下一片農場，開始了順其心意的自給自足的生活。

不僅他沉溺於這樣的生活，就連他的妻子和家人也被捲了進來。甘地希望自己的孩子能夠和貧苦人家的孩子在同樣的環境中成長，所以他不但不提供特殊教育給孩子，連基本的讀書寫字機會都很少。但他自己卻受過高等教育，曾在英國留學。不得不說，甘地確實是一位自我放縱及蠻橫的父親，強行要求自己的妻子和孩子遵循他所崇尚的信念。

最後甘地開始完全禁欲的生活。他禁止自己喝茶，甚至不吃豆類和鹽，即便豆類是素食主義者極其重要的蛋白質來源。最後他連穀物都不吃了，只吃水果（自己農園裡低廉的水果），而且開始定期絕食。

甘地為了維持生存，只攝取極少量的營養，這導致他身上沒剩一點贅肉，完全是一副皮包骨的模樣。這與僅以少量食物來支撐自己持續工作的厭食症又是多麼相似。

只是，甘地絕食最主要的理由是，絕食對於控制他的情欲非常有效。甘地對父親的死所抱有的罪惡感一直折磨著他的內心。這種強迫自己艱苦修行的能量，也成為甘地成就偉大事業的原動力。

完美主義與「不潔恐懼」

具有強烈病態性完美主義（拘泥於事物的完全性）的人，一旦其追求完美事物的想法得不到實現，便會痛苦不堪。而在青年時期，人們的完美主義心理很容易加劇。

病態性完美主義的表現形式多種多樣。表現頻率最高的便是不潔恐懼。其表現特徵為：不能碰別人的手碰過的門把或是水龍頭；如果不戴橡膠手套或是口罩便會覺得不安；不能坐別人坐過的馬桶等。

這種病態心理一旦加劇，他們會逐漸不能觸碰一切別人接觸過的東西，不能見人，連外出都會變得困難。他們不理髮，不洗澡，總是穿同一件衣服，長久下來變得極度骯髒，惡臭不已。

與其說具有不潔恐懼的人是害怕不乾淨的東西，倒不如說他們是害怕自身受到異物的侵害。因此，他們不會在意由自身所造成的不潔。所以，**不潔恐懼的本質是一種自我愛戀，這種自我愛戀使具有不潔恐懼的人對侵害自身的事物感到過度不安，於是拒絕靠近與他人有關的一切事物，只追求自我保護**。

鋼琴家顧爾德以其各式各樣的怪癖為人所知，而他也是一位極端的完美主義者，具有嚴重的不潔恐懼。音樂會上，他特別在意觀眾的咳嗽聲或是其他聲音，並把這些雜音看成是有礙自己完美演奏的敵人。漸漸地到最後，他不再舉辦任何音樂會，只以沒有任何觀眾聆聽的錄音方式發表作品。

音樂本來是時間和空間的一種享受，只有觀眾和演奏者同時存在才有意義。顧爾德的這種拒觀眾於千里之外的演奏方式，是一種完全排除他人而只按自身想法來解決問題的異常方式。如果只是追求由自我控制來完成完美作品的話，最終選擇錄音的演奏方式或許並不稀奇。

傳統的錄音其實是一項巨大的工程。福特萬格勒（Wilhelm Furtwängler）的著名演出就像人們所說的，「帶有他走向指揮台的腳步聲」，與其說他把不完美的因素及其雜音看作一種帶有氣息的東西，倒不如說在他看來，這些聲音的存在才使音樂具有讓人身臨其境、一氣呵成的韻味。從這層意義上來看，過於完美的作品，只是任意時間都可完成的成品而已，缺乏鮮活的生命力與事物的多變性。

但是，有時我們習慣於沒有任何雜亂，並把太過「乾淨」的東西認為是理所當然的。從這一點也可以說，完美主義和不潔恐懼其實已經開始滲透到我們現代人的心理了。

導致死亡的病態性完美主義

對於具有強烈完美主義心理的人來說，對不完美事物的恐懼會讓他們對自身的存在產生深深的不安。有時在其他人看來只不過是句玩笑話的事，他們卻會為之苦惱，應對稍有不當，他們甚至有可能選擇自殺。病態性完美主義就是這麼一種嚴重的異常心理。

對於不完美事物的嚴重恐懼，其中一種表現形式叫**醜形幻想症**，或是**身體畸形恐懼症**，多見於青年時期，也見於中年以後。患有醜形幻想症的人會格外在意自己身體上不完美的部分，比如臉部或身體上的小瑕疵、不對稱等。他們過度在意自己的體毛、體臭或是體汗，認為「我的鼻子是不是稍微偏左了一點」、「嘴形是不是有點左右不對稱」等。因此，當他們花幾個小時不停照鏡子時，他們便會感覺無比絕望。

這些人經常恥於和家人或朋友談論這些，而當他們想傾訴時，大多數情況下家人和朋友根本不能理解他們的痛苦，所以他們漸漸不願和人說起了。

有個男人總是糾結於自己的臀部左右翹得不一樣。可是每次去看醫生，醫生都只是告訴他不要太在意。然後他又想找醫院為自己做整形手術，可是沒有一家醫療機構認真對待。就這樣，有一天，絕望的他自殺了。誰都沒有想到他會如此想不開。

有些顳下頜關節紊亂的患者，也會因為過度在意這樣的臉部缺陷而自殺。顳下頜關節紊亂的確是件讓人擔心的事情，由於太過擔心而倍感痛苦，這種焦慮在某種程度上是我們一般人都可以想像的，而一旦想不通就去自殺，這點通常是別人無法理解的。然而，在具有病態性完美主義心理的人看來，他們所感受到的那種痛苦，又的確足以讓他們走到自殺的地步。

為何在成功的頂峰選擇死亡？

完美主義者是很努力的人，他們為達到自己理想的完美目標，對任何事情都會付出比普通人更多的努力。當事情按照他們的計畫進行時，他們的這些努力便會發揮健全的機能，進而有利於優秀業績及目標成果的達成。而一旦中途受挫，完美主義者追求完美的欲望便會開始變質，他們會在一些毫無意義的事情上努力，結果使得自己的生活停滯不前，自身痛苦不已。

這些很努力的完美主義者，他們在任何事情上都不會讓自己鬆懈，哪怕是將自己逼向死亡的事情。對於這樣的人來說，他們只有不停地做才能證明自己的存在。他們甚至會為一次完美的自殺而給自己制定一份縝密的自殺計畫。

對於完美主義者來說，些許的失敗或是計畫之外的事情也會輕易為他們的心靈帶來沉重打擊。具有完美主義傾向的人，在他們人生走上坡的時候，他們會發揮極強的能量，一步一步爬向成功的階梯；而當人生走下坡時，他們的心靈會變得極端脆弱。

在一般人看來，就是處於成功頂峰的人很容易選擇自殺。而這種狀況經常發生在完美主義起反作用的時候。

其中一個典型的例子便是三島由紀夫的自殺事件。造成三島走向淒慘結局的原因，便是他的完美主義。豬瀨直樹在《三島由紀夫傳》中提到，在眾人眼中三島是一個天才，而實際上那只是他不同於尋常努力者的一面而已。

當時，三島在大藏省工作，每天下班後都會回家寫作，一直到深夜兩點，第二天一大早再去上班。他每天的睡眠時間只有三、四個小時。即便在社會上已小有名氣，他也沒有滿足於現狀，而是致力於寫出更有野心的作品。而且就像我們之前所說的一樣，他從來都沒有錯過交稿日期，無論酒席上玩得多麼氣氛高漲，到了十點他都會立馬起身離開。這是一種充滿禁欲的、自我控制力相當強的生活狀態。

九個月後，三島辭去大藏省的職位，並把自己作為作家的命運賭在新作《假面的告白》上。起初，這部描寫同性戀以及性虐待等性倒錯的告白小說，在出版發行時並沒有如三島所願受到人們的追捧而大賣，據說三島頗為懊惱，並一度後悔自己辭去大藏省的工作。

小說出版半年後開始受到人們的關注，終於有了第二次加印。小說被收錄進新潮文庫之後，銷量大增。從那以後，三島的作家生活可以說是一帆風順，接下來的長篇小說《愛的飢渴》銷量達七萬冊，他二十九歲時出版的《潮騷》更是一經發售就立刻成為炙手可熱的暢銷書。由他的小說改編成的電影也引起巨大的轟動，三島真正成了國民人氣作家。他三十一歲時創作的《金閣寺》被看成是最傑出的作品，獲得極高的評價，也成為當時的暢銷書。接下來的《永恆的春天》銷量更是突破十五萬冊。

三島使盡渾身解數、花費三年時間，終於完成巨著《鏡子之家》。雖然這部作品的銷量也達到了十五萬冊，在商業化銷售上取得成功，但卻受到批評家如此評價：「三島可是第一次寫出這樣的作品來。」這讓三島第一次嘗到受挫的滋味。從那時開始，三島身上源源不斷的運氣開始籠罩一層烏雲。

接下來出版的《宴後》，讓三島被原外務大臣有田八郎以藉助小說侵犯個人隱私的名義提起訴訟。在各項紛爭之中，三島完成了以勞動爭議為題材的社會派小說《絹與明察》，並想藉此作品讓自己「起死回生」。但是，這部作品並沒有如他所期待的一樣，銷量僅僅止步於一萬八千冊。而與三島萎靡不振的形勢相反，大江健三郎等新一代作家的作品開始取而代之，成為社會話題，銷量也遠遠凌駕於三島之上。三十歲便已到達事業巔峰的三島，四十歲時命運已見衰敗。從那時起，三島的內心開始充滿了絕望。

即便如此，三島的作品還是得到了全世界讀者極高的評價。從他四十歲那年開始，他的名字每年都會出現在諾貝爾獎的候選名單中。可是，三年後獲得諾貝爾獎的並不是三島，而是川端康成。這是三島自殺前一年發生的事。據說三島自己也曾經預言：「接下來如果是日本人獲獎，那麼不會是我，而是大江。」

在他準備自殺的當天，他將自己最後的作品《豐饒之海》最後一部，《天人五衰》最終章原稿交付給編輯。我們彷彿可以看到，三島已經開始關心如何在世人面前戲劇性地結束自己的人生了。從某種意義上也可以說，他在過了四十歲後，差不多用了四年的時間來為自己準備一個完美的「死亡舞台」。正如三島自身的行事作風，直到臨死那一刻，他依然按時交稿，按照自己計畫好的場景，在完美的「死亡舞台」上落下人生的最後一幕。無論何時，三島都按自己計畫好的步驟去行動，從這一點我們也可以說，三島的人生是史無前例的完美主義者的人生。

而三島的例子也告訴我們，追求完美的人生並不一定是幸福的。

扔掉完美主義吧

完美主義可以是把人推向成功之路的原動力，而當它開始發揮反作用時，也會變成將不完美的自己逼向死亡的殺人工具。

完美主義廣泛滲透於現代社會中，可以說它是導致現代人罹患憂鬱症與自殺率不斷上升的原因之一。如今西方個人主義流入，重視個人選擇的存在主義價值觀不斷蔓延，很多人選擇「**一味地實現自我**」這樣的生活方式。**這種價值觀旨在追求自我的完美，輕視人與人之間或者個人與集體之間的相互關係。**

每個人都夢想自己有一天成為光鮮亮麗的明星或是成功者，而現實又是如此殘酷，過高的理想只會帶來更多的失落。

在這種形勢下，任何事情都追求自我完美的心理只會給自己增加痛苦。無論你在學業上取得多麼優異的成績，之後的人生都是個未知數。

倒不如說，**只有承受得起不完美的自己，才能在如今這個時代中倖存。**當然，堅持追求自己的夢想依然很重要。但是，如果你是真心想要實現自己的夢想，那麼**當自己不得志時，一顆能承受不完美的自己的強大內心，才是你所需要的。**

即使滿身泥垢也堅強生存

英國作家柯林．威爾遜（Colin Henry Wilson）離開工業高中後做了一名工人，在此期間，他曾夢想有一天能成為一名作家。然而，在長時間工作後的疲勞困倦狀態下，他根本沒有力氣寫作。

為了節省租屋費用，他開始在公園裡露宿，用僅有的一點存款勉強糊口，經常出入圖書館，最後終於完成了自己的處女作《*The Outsider*》。最終，《*The Outsider*》成為世界級的暢銷作品，柯林．威爾遜終於實現了自己的作家夢想。

作家喬治．歐威爾曾經無家可歸，他將這段體驗描述進他的作品，因而建立了他作為社會派作家的社會地位。正所謂跌倒也要有跌倒的意義，他把不完美時的自己和淒慘的生活經歷當作以後成功的種子。相反地，對於完美主義者來說，連泡澡都不能得到滿足的生活只能是一種累贅。

在日本也有一個人物，他的苦難經歷完全超出了上文的兩位前輩，他就是水木茂。水木的前半生充滿挫折且逆境不斷。他是個非常難做到早起的人，一般在學校上第二節課時才出門，他這種我行我素的性格當然和當時的時代格格不入。他沒能升上中學，不管在哪裡就職都會立刻被人解雇，只好從事自己喜歡的繪畫事業，於是想考入美術學院，卻又因學歷低被取消考試資格。他又決定考高中，卻在五十一個考生、五十個名額的情況下，成為唯一的落榜者。他去參軍，被毆打的次數最多；雖然擔任軍隊的喇叭手，卻因一直吹奏得不好而請求調單位，結果被派到拉包爾港。他作為敢死隊成員被送了出去，上面命令他，如果被俘虜就乾脆犧牲，活下來就當作賣國賊處置，但他卻奇蹟般生還，長官都責備他：「為什麼你沒有去死？」不久，他染上當地的瘧疾，在還未康復之前便在敵機的空襲中受傷，失去了左臂。

即便如此，水木仍然積極地從事自己一直喜歡的繪畫。復原後，他一邊在染坊工作，一邊在自己心儀的美術學院讀書，可是好景不長，染坊倒閉了。為了生活，他根本顧不上上學的事，開始輾轉於賣魚等各式各樣的工作：三輪車伕的工作好不容易步入正軌，三輪車卻壞掉了；終於可以作為連環畫作家勉強生存下去，連環畫劇產業卻開始走下坡；開始改行做貸本漫畫家，不久貸本漫畫[註]又落伍了。為了生存，水木開始當漫畫家為雜誌作畫，就這樣，他終於抓住了成功的機會。

註：貸本是出租的圖書、雜誌之總稱。貸本漫畫指日本專門出版用來租賃的漫畫。

如果水木拘泥於追求完美的人生，他有多少條命都不夠用。穿著一塊布做成的褌在叢林中逃竄幾天幾夜，即使長官命令他去死，他也時刻為生存而努力。正是這樣的精神力量，讓他最後發現了希望。

第二章　潛藏在身上的罪惡快感

潛藏在身上的罪惡快感

被猶如麻醉般的快感控制時

大概是上幼稚園大班的時候吧，有一天，我和孩童時代的一個玩伴在家門前的小河邊捉泥鰍、撈水藻，可能當時已經玩膩了這些老套的遊戲，突然想要做一些刺激的事情。玩伴發育得好，腦筋轉得快，經常會有一些壞點子，他先想出一個壞點子：朝前面路上騎車的人扔水藻。

當然，我們也擔心那樣做會不會把人惹毛，可我這位玩伴的膽子非常大。第一個騎自行車的人過來時，他沒有扔中，水藻從騎士的背後擦過，接著是一個騎著小台摩托車的女人，我們砸中了她車子的貨架。摩托車就那樣離開了，玩伴非常得意地大笑，我也開始覺得有意思起來。

玩伴又拿了塊更大的水藻，等待下一個獵物的出現。這次是一個騎自行車的大叔，大叔騎得飛快，但是他好像已經掌握了訣竅，唰的一扔，水藻正好砸到大叔的肩膀。附在大叔肩上的水藻迎風飄舞，隨著自行車離去。那可笑的場景讓我倆忍不住哈哈大笑。

就在這時，已經離去的自行車突然掉頭騎了回來。我們連滾帶爬地從河邊一溜煙地逃走。大叔臉色大變，把自行車扔到一邊，大聲叫嚷著向我們追來。我嚇得魂都飛了，玩伴動作敏捷，跑在前面，只有我被逮住。

大叔被我們氣得不得了。他好像也看到了罪魁禍首是我的同伴，於是把我扔在一邊，繼續往玩伴逃跑的方向追去。玩伴穿過我家，逃進了鄰居家，大叔見狀只好作罷，正要離開時，小夥伴哭著被鄰居家的大嬸牽著手走了出來。鄰居家的大嬸似乎以為是我父親對他做了什麼嚴厲的事情。玩伴完全把自己的惡作劇拋在腦後，最後竟還聰明地把自己變成了受害者。

我之所以把這段故事拿出來講，是想要探討兒童時期的這種惡作劇跟成人世界裡的反社會行為之間，究竟存在什麼關係。小時候誰都會有那麼一兩次因為太調皮而被父母教訓的經歷，請你回憶一下當時自己調皮的心情，是不是沒有感到恐懼，反而感到一種歡欣雀躍的樂趣？

其實這都是些最常見的事情，大多數人長大後會很容易將這些事忘掉。小時候惡作劇，因為年齡太小，還不能真正理解有些事不能做，還不能判斷是非，但也許不僅僅是因為太小不懂事，做那些惡作劇的時候，應該還伴隨著快樂和興奮。惡作劇時看到他人受災苦惱，自己會覺得很有趣。因為能讓自己享受快樂與愉悅，所以不知不覺就那麼做了。

諸如「快樂殺人」這一異常嚴重的犯罪行為，電視上的這種犯罪報導鋪天蓋地，而我們也經常會覺得這些犯罪行為都是帶有特殊性的，殊不知這些犯罪行為與我們小時候的惡作劇極其相似。

暴力行為也是一樣。為什麼人會做出暴力行為？我們在探討暴力行為這一話題時，經常會忘記在施暴的同時，暴力同樣給施暴者帶來強烈的快感這一事實，也就是施暴者會覺得暴力行為是一件極其有趣的事情。

據說有這樣一個少年，他在欺負比自己年紀小的軟弱對手時，大腦會一片空白，感到一種猶如被麻醉過的快感。伴隨著自己的意識完全消失，理性也逐漸被麻痺，以此獲得的快感甚至不亞於吸食毒品之後的快感。我們暫且不談這些程度上的差別，小時候欺負比自己軟弱的對手時會感到熱血沸騰，當稍微長大點，那種快感或許會被我們找個似是而非的藉口隱藏起來，使它埋藏在心底，不再在表面上表現出來，然而當剝開我們內心表面的那層皮時，裡面所隱藏的快感還是會顯現出來。

霸凌、家庭暴力或虐待容易上癮

霸凌別人會產生一種快感，一種如毒品一般讓人上癮的快感，因此，在霸凌別人時很難讓自己停下來。在霸凌行為開始之前，雙方也曾相安無事地度過，而**霸凌一旦開始，如果不加以適當處理，兩個人一見面，霸凌行為就很容易持續下去**，就像吸食毒品後人們很容易上癮一樣。

對於霸凌者來說，霸凌對象猶如可以給自己帶來快感的毒品。同樣是平等的人，霸凌別人的人卻把對方當成毒品的替代品，這種心理確實可以說是在享受 種罪惡的快感。霸凌別人的同時可以獲得快感，這一回饋又很容易加劇想去霸凌別人的心理，從而讓人嗜癖成性。

家庭暴力以及虐待也是如此。在對家人施暴或是虐待別人的時候，不管有沒有意識到自己在做什麼，這些行為都會給施暴者帶來一種快感。雖說父母並不是因為喜歡打孩子才去打孩子，但是在打孩子的那一瞬間，父母對不聽話的孩子以一種權威者的地位施加懲罰，會讓自己體會到能夠支配一切的快感。

透過暴力壓制自己的戀人或是配偶也是同樣的道理。**施暴者對對方施加暴力，證明自己才是支配者，同時享受到讓對方服從自己的快感。**有時，和暴力行為一樣，家暴的目的是在給對方帶來痛苦的同時，體會支配的快感。

只要能透過某種快速的方式，達到支配別人以獲得快感的目的，人就很容易嗜癖成性，一旦出手便無法停下來。實際上，不管是家庭暴力還是虐待，現實中這兩種行為的發生情況和霸凌行為一樣，多數案例都是在這些行為發生之前，雙方曾相安無事地度過好幾年。

霸凌、家庭暴力、虐待，要克制自己做出這些行為，需要很強的自覺意識以及日積月累的自身努力；而要沉溺於這些行為，卻不需要付出任何努力。所有能夠不勞而獲或者很容易就可以得到回報的事情，都容易讓人獲得某種依賴感並且嗜癖成性。因此，對於罪惡快感的依賴，一旦開始蔓延，便很難消失。

虐待和霸凌是罪惡的溫床

虐待與霸凌是發生在我們身邊最常見的惡劣行徑，它們也是衍生所有罪惡的溫床。相比一些嚴重的犯罪案件，我們一般不會把虐待或者霸凌看作是很嚴重的問題。

然而，人類的異常心理以及類似犯罪的異常行為是如何產生的呢？隨著近幾年來這個問題不斷被提出，答案也逐漸浮現出來：虐待、霸凌等隨處可發生的傷害行為，才是釀成幾乎所有罪惡的溫床。

虐待、霸凌這類惡劣行徑可以直接在孩子的發育階段產生影響，從根本上扭曲孩子的身心發展。虐待、霸凌這類行徑還會為孩子最基本的安全感以及對他人的依賴與共鳴，甚至世界觀和未來觀，抹上一層陰暗的黑影。

在這樣一種破裂環境中長大的孩子，會出現各種心理障礙。

他們不會相信他人，不會愛護他人，也不會尊重他人。不僅如此，充滿虐待、霸凌的生活環境還會在周圍的人以及孩子的心裡撒下罪惡的種子，從而使罪惡擴大再生。

不管是虐待還是霸凌，它們在違背人類應該愛護他人、尊重他人這一點原則上是一樣的。豈止是不去愛護他人，他們對受害者的傷害簡直讓人無法想像。而且，因為受到這樣的傷害而讓自己也走上傷害別人的道路，這種事現實中也時有發生。

沉迷於怪異行為的兒童

宮本輝的名作《泥河》以戰後貧苦時代的大阪為背景，講述了兩位少年之間的友情以及最後兩人分手的故事。主人公少年信雄，與父母一起生活在自家經營的烏龍麵店裡。信雄偶然與少年銀子、喜一相識。銀子和喜一在土佐堀川邊擺渡的小船裡與母親一起生活，他們的母親在船上以賣淫為生。喜一沒有上過學，信雄雖然感到自己的境遇與喜一如此不同，兩人還是結為朋友，而信雄也逐漸被喜一母親那微微出汗的「蒼白纖瘦的身體」所吸引。

在一個天神祭的夜晚，信雄打算用父母給的零用錢去買自己喜歡的火箭模型。可是喜一卻把信雄託他保管的錢弄丟了。喜一為了贖罪，也為了哄心情低落的信雄開心，打算去偷一個火箭模型回來，信雄無法接受喜一的做法，他對喜一說：「這樣做，可就是小偷了哦。」於是喜一哭著向信雄道歉，並要把自己的寶物給信雄看。

喜一將信雄帶到自己的船屋裡，把河蟹的蟹巢撈出來給信雄看。這時，信雄無意間看到船屋裡，喜一的母親正和一名男子做愛，於是便想回家。

為了留住信雄，喜一說要告訴信雄一件「很有趣的事情」。於是，喜一讓河蟹喝下燈油，然後一隻一隻地往河蟹身上點火。看到河蟹在青白色火焰中痛苦擺動的情形，喜一竟說：「漂亮吧！」信雄感覺怪異，要他「快住手」，喜一卻著迷般地繼續這個怪異的遊戲。

之後一段時間，兩人不再經常往來。某一天，信雄聽說喜一住的船要離開現在擺渡的地方，於是跑去與喜一道別。信雄一邊追著船奔跑，一邊大聲叫著喜一的名字，可是船的窗戶一直緊閉著，漸漸遠去。

喜一為信雄展示的那個祕密遊戲，對喜一來說是一種特別的樂趣，那個遊戲也一定是喜一自己專屬的祕密遊戲。

渴望虐待毫無抵抗力的生物，這也許是長期以來承受著憤怒與寂寞的人才會有的心理。而這種心境，對於雖然貧窮卻有父母陪伴、一直在愛的守護下成長的主角來說，是絕對難以理解的內心世界。

有一個少年，從幼時起便不斷受到母親的虐待。某次被母親用水果刀刺中之後，他開始經常毫無理由地發脾氣，並且沉溺於一些常人不會喜歡的遊戲。他經常把貓抓來，將牠們折磨至死。這種殘忍的行為讓其他小朋友毛骨悚然，大家也逐漸疏遠了他。即便如此，他還是無法停止虐待貓咪，有次甚至在一天之內殺了五隻貓。他一年要殺死七十多隻貓，幾年間，他家附近幾乎看不到有貓出沒。

還有一個少年，長期在被人疏遠的環境下長大，漸漸沉溺於玩火的遊戲。每當看到烈火燃燒的場景，他都會興奮不已。公開玩火惹得他人生氣後，他會躲起來繼續玩火。他會往小屋上點火，因為住在漁村，他甚至還會往船上放火，看著烈火熊熊燃燒的場景，他就感到非常興奮。

人們反覆地去做一件事，是因為可以從中獲得某種快感。即使做這些破壞行為的初衷是為了給他人製造不愉快，破壞之人也同樣能從中獲得快感。

如果「快感」這個詞用在這裡有語病的話，也可以說是「消遣解悶」。人們是不會反覆去做一些沒有回報的事情的。

但是，為什麼一定要從罪惡的行為當中獲取快感、舒緩心情呢？

因為沉溺於某種破壞性行為的人，只有過被人傷害的經歷，也只體會過被人阻撓的心情，他們心中沒有被愛護和受人尊重的記憶。

過度飲食症與偷竊癖

我們身邊最常發生的犯罪行為——偷竊，與依賴食物的過度飲食，兩者看似是完全不相干的行為，但事實上，它們之間存在著很大的共通點，那就是它們都容易發生在小時候沒有得到足夠的愛的人身上。特別是年輕女性，多會發生兩者並存的情況。

我們會看到這樣的新聞，某著名好萊塢女星或是某個有社會地位的人，為了一些不值錢的東西去偷竊。很明顯，他們並不是因為缺錢缺物資才去偷竊。那麼，為什麼這些人不惜犧牲自身的名聲地位，也要把幾百塊錢的東西放進自己的口袋裡呢？很多人心中都會有這樣的疑問吧。

即使不是明星，在那些偷竊的慣犯中，等到沒錢了才去偷竊的人也是極少數的。有些人的房間裡堆滿了偷來的一模一樣的東西；也有些人從來都沒有讀過自己偷來的漫畫書，只是成堆地放在那裡而已。

他們並非為了滿足自己的需求而去偷竊，更貼切地說，他們是為了偷竊而偷竊。心理上的得利遠遠大於經濟上的得利。因此，這樣的人被抓後根本不會覺得自己做了什麼於己不利的事情，即便知道自己會受到法律制裁而損失一大筆金錢，他們還是會情不自禁地將手伸出去。因為對他們來說，首要的是自身心理的滿足、自己內心所獲得的快感。

這和喜歡過度飲食的人的行為極其相似。過度飲食的人並非為了補充營養而沉溺於過度飲食，甚至可以說，他們其實已經營養過剩了。這樣的人經常在好不容易把食物塞進嘴裡後又馬上吐出來。他們的行為並不是為了滿足自己身體的需求，而是為了飲食而飲食，其行為本身就是目的。也就是說，在以行為自身為目的這點上，過度飲食與偷竊癖非常相似。

這個時候我們不禁要問：為了偷竊而偷竊，為了飲食而飲食，這到底是為什麼？

答案之一，便是**這兩種行為都伴隨著極其強烈的心理快感**。把東西偷來放到自己的口袋或是包包裡，會緊張得心怦怦跳，同時會感到一種無法言說的快樂。

過度飲食的快感也是如此。他們一方面會擔心自己是不是吃過頭了，另一方面，過度進食對於他們來說，又充滿魅力，猶如一次禁忌的瘋狂聚會。實際上，過度飲食症的過度飲食行為，有個專有名詞叫「Binge Eating」（暴飲暴食），原意是指瘋狂地、盡情地吃東西。

患暴食症的女性在對自己過度飲食充滿罪惡感的同時，也感受到一種巨大的誘惑力。因為過度飲食和性行為一樣，會讓人產生一種本能的快感。

偷竊過多的東西、吃不需要吃的食物，這些行為對心態健康的人來說，是無法得到快感的。所以多數人不會冒著被逮捕或損害自身健康的危險，去偷竊或者過度飲食。然而，對於有偷竊癖及暴食症的人來說，由於那種快感是如此強烈和持久，以致即使他們清楚這樣做的後果，依然無法停止。

那麼，為什麼會發生這樣的事情呢？

答案與潛藏在這兩個看似毫無關聯的行為最深處的本質問題有關，即本章開篇講過的經驗性事實：偷竊癖與暴食症一樣，容易發生在小時候沒有得到足夠多的愛的人身上。也就是說，**這兩種行為，是因為小時候心靈深處缺失某種東西，使自身對所缺失的東西產生一種飢餓感，又被某種想彌補這個缺失（甚至到過剩的程度）的衝動所驅使而造成的。**

對物品的貪欲、對食物的貪欲，其實都是愛的替代品而已。

要想改善這兩種行為，關鍵是要給予患者足夠的愛與關心。如果只是簡單地將這兩種行為當作一種精神問題來看待，無論你花多少心思，最終都只是徒勞。我們要明白，因為有飢餓感才會有貪欲，如果只是想盡辦法阻止這種貪欲行為，無論如何都是沒有用的。

快樂電流一旦接通，便持續迴圈

我們可以從所有「異常」的行為中找出一種典型構造，那就是**以自身為目的的「自我目的化」**。我們每個人的社會價值觀雖然多少有些不同，但整體上人們對於自我目的化的行為，都會產生一種生理上的反感。

比如，同樣是殺人，不得已為了自衛而殺人，與以殺人本身為目的、從殺人中獲取快樂而殺人，我們對兩者的理解方式是完全不同的。我們對於後者自我目的化的殺人行為，在感到「異常」的同時，也會產生一種強烈的厭惡感及難以饒恕的憤怒。

我們認為東電ＯＬ殺人事件中的被害人行為「異常」，是因為賣淫這一行為本身就是一種自我目的化的行為，而被害人沉溺在這種困境中無法逃脫。

在這些行為裡，簡單的快樂電路被接通，形成閉合電路。在這種簡單迴圈電路當中，其他的任何事物都被排除在外，不存在任何與其有共鳴的東西。也正因為如此，在不存在任何其他事物的情況下，追求自我目的化的快感很容易失去自我控制。

說謊的快感

自我目的化的嗜癖之一便是撒謊癖。

如今，相比技術化智力的進步，人類智力的進步更大程度上依賴於社會智慧的發展，而社會智慧中一個重要的能力就是偽裝，也就是撒謊、表演的能力。

人類透過偽裝的方式讓對方鬆懈，從而控制對方，以此欺騙敵人，讓敵人落入圈套，進而打敗遠遠凶惡於自己的敵人。人類透過各種方式來偽裝自己，實現臨場救急，獲得有利形勢。這些作用本身就是偽裝所具有的一種正常功能。在某種範圍內，我們可以寬恕那些裝病不來上班的人，因為過於老實、一天都不偷懶而辛勤工作的話，身體也會累垮的吧；假裝自己很認真地工作，其實是在偷懶，這樣的做法有時候也是必要的。

但是，**如果藉偽裝來逃避某些麻煩事，並從中獲得他人的親切關照，這樣的做法一旦演變為自我目的化並逐步升級，便容易踏入異常心理的領域。**

正要上學的時候，假裝自己肚子痛，只是這樣也就罷了，但如果反覆哭訴自己肚子痛得厲害，應該馬上去醫院動手術，恐怕就超出常理了。拋開開腹手術帶來的痛苦及術後殘留在肚子上的可憐傷痕等不利影響，對於偽裝的人來說，他同樣可以獲得極大的好處。他可以受到他人無微不至的照料，還能免於做一些其他的日常瑣事。

實際上，因不明原因的腹痛而做好幾次開腹手術的情況也確實存在。我自己就親身經歷過。我的肩關節經常反覆脫位，一邊的肩關節脫位後，用石膏固定，即便如此，活動也很不自由，不自覺就把另外一邊的肩關節也弄脫位了，最後只能到醫院接受治療，請求別人的照顧。

這樣的行為叫作「人為疾患」，又稱「代理型孟喬森症候群」。孟喬森是一個喜歡吹牛的男爵，這位喜歡吹牛的男爵經常在人們面前展示他身體的傷痕，並驕傲地吹牛說，那是他在一場著名戰役中留下的傷痕。

做出生病樣子的人為疾患患者，與被稱為講空話的病態性撒謊癖患者一樣，都是為了引起他人的關注和關心才說謊的。

哪怕是付出受傷或失去信任這樣的代價，他們也會反覆故意地去做，因為這種行為便是自我目的化的行為，能給他們帶來一種快感。其背後隱藏的，便是對他人的關心和照顧的飢餓感。

代理型孟喬森症候群中，有一種叫「代理代理型孟喬森症候群」的特殊病症，指的是假裝自己的孩子或是家人生病或受傷，以此獲得他人的同情或支持。或者透過給孩子買保險來獲得住院保險金或者死亡保險金。這種行為所帶來的利益更加巨大，有些人甚至一旦嘗到了這種利益所帶來的快樂便上癮。即便沒有保險金這類金錢的利益，僅僅是孩子死亡這點，就可以獲得周圍人的同情，而自己就能成為悲劇的主角——能夠體會到這種心情本身對有些人來說，就是一筆巨大的好處。

還有一種行為與人為疾患很相似，叫詐病。

所謂詐病，只是簡單地假裝生病，它與人為疾患不同的地方在於，人為疾患不僅僅是假裝生病，而是本人身上真實地存在著某種傷痕或是生病的症狀。

從前，據說為了免於被送到前線，士兵會喝大量的醬油，因為那樣能讓自己的臉和手腳腫脹，讓別人誤以為自己真的病了。這種生病症狀是實際存在的情況，不能叫作詐病，而應叫作人為疾患。

為了逃避戰爭、獲取某些實際利益而假裝生病，這一點還可以理解。但有些人為了某些並不能獲得任何實際利益的事情而假裝生病，傷害自己的身體，更有甚者不惜自殘，失去自己的手腳，這樣的人想必是有一種相當強烈的對愛的飢渴，想藉此得到他人的愛和關心。

裸露是舒爽的

大家都知道，裸露癖是一種在大眾運輸工具或馬路上向他人展示自己的性器官，進而得到快感的性倒錯行為。裸奔也曾流行一時，指的是學生等年輕人全身赤裸地在馬路上奔跑，驚嚇路人。裸奔也是裸露行為的一種。

從生物學的角度來說，裸露行為是一種炫耀自己的羽毛或是身體的一部分／性器官的行為，是一種求愛信號。從這個意義上可以說，裸露行為是生物與生俱來的行為。

雄性猴子一到發情期，就會得意地炫耀自己勃起的陰莖。如果是在動物園這種非自然的環境下，發情期的雄性猴子有時會對女性人類顯露自己勃起的陰莖。雄性猴子這種本來是為了引誘雌性交配的行為，並非出於牠們想和人類女性交配，而只是為了顯露自己。這些猴子長期生活在動物園籠子裡，牠們同樣明白前面走過的觀賞自己的女性人類不會是自己性行為的對象，但是，向她們顯露一下自己的陰莖依然會給牠們帶來某種快感。

從某種意義上來說，被關在動物園籠子這種特殊環境裡的猴子，與我們人類也有相似之處。我們被關在社會規章與理性這些看不見的籠子裡，當旁邊有位極具魅力的異性走過時，我們連一根手指都碰不得，更遑論性行為了，這種禁忌一直束縛著我們。籠子裡的猴子也是一樣，牠不會有直接採取行動的念頭，只是透過顯露的方式來滿足自己，而這種裸露行為不知不覺中演變為一種與其說是替代行為，不如說是自我目的化的裸露癖。

裸露行為原本是為了引誘異性進行性行為，當性行為被禁止後，裸露行為本身變成了行為的目的。而裸露行為之所以變成行為的目的，是因為裸露行為是伴隨著快感的，讓別人看、被別人看這樣的裸露行為是刺激的，可以讓自己心情愉快。

將自戀症理論化的寇哈特（Heinz Kohut）提出，**典型的裸露癖患者案例中，他們都是在孩童時期的自戀階段，即誇大自體階段產生固著，傾向追求某種可以映現出自己的鏡像化存在。**裸露行為不僅經常表現出性的意味，多數時候也是為了達到驚嚇對方的目的。

具有裸露癖的人，人格上多數會有些像小孩子的地方，他們會傾向於說謊，過分地表現自己，也會有其他一些性倒錯的傾向。這些人通常在小時候想獲得更多的關注，卻一直不被人關心。**裸露癖似的願望，正是以小時候沒有得到滿足的自我表現的欲望為基礎。**

演員在舞台上或是銀幕上之所以能借用「演技」這個假面，在觀眾眼中丟掉自己原本的一切，展現出栩栩如生的另一番姿態，也是因為這種行為從根本上可以給他們帶來一種裸露癖似的快感。我曾經向演藝圈的人詢問他們的經驗，多數人的回答都是被人注視的那種快感是難以形容的。對於有裸露癖似的渴望的人來說，演員這個職業一定是最幸福的職業，因為他們可以透過自己的職業來滿足自己的快感。

一般人即便有裸露癖似的願望，也只能以某種更謹慎的方式來滿足自己。在西方，由來已久的化裝舞會，就是一種將自己的一半真面目隱藏起來，大膽地展示自己的集會，其作用便是將人類內心深處裸露癖似的欲望盡情發洩出來。

如今，盛大的動漫真人秀盛會也可以看成是化裝舞會的替代品。網路遊戲也是一樣，將自己的真面目隱藏起來，讓遊戲裡的角色作為自己的傀儡去表演大膽的動作，從這一層面也可以說它是化裝舞會的一種延伸。

一個人的性愛

因感染愛滋病而逝世的法國哲學家米歇爾．傅柯本身是一位同性戀者，他在他的系列演講《不正常的人》中提到，「畸形人」、「需要改造的人」以及「自慰者」構成了十九世紀的異常性概念，並且，米歇爾．傅柯認為這三者是相互關聯、相互交錯重疊的。

也就是說，在當時，自慰行為不僅被認為是身體及精神出現問題，它還被看作是一種道德的墮落。

十九世紀後半期，當音樂家華格納與哲學家尼采感情破裂的時候，華格納對尼采最嚴重的中傷，便是說他沉溺於自慰中。還有一種說法認為，這並不是華格納對尼采的中傷，而是出於對尼采的關心，是華格納透過自己熟識的醫生給尼采提出的親切忠告。然而，這樣的「忠告」傷害了尼采的自尊心，足以讓尼采從昔日的華格納崇拜者轉變為敵對者。試想一下，在十九世紀，「自慰者」這個詞意味著什麼，結果便理所當然了。

在當時那個時代，時刻監視孩子的行為，防止他們染上自慰的惡習，是在家庭和學校宿舍中廣泛實施的行為。這種對自慰的看法，即使到了二十世紀依然殘留著濃厚的色彩，直到七〇年代以後，隨著各種以新興科學為基礎的革新啟蒙書出現，這類消極否定的看法才逐漸淡去。

當我還是醫學系學生時，同年級有個男生，他每天必須自慰七次，雖然這件事情在班上已經人盡皆知，也不是什麼可隱藏的祕密了，但是每當同年級的學生談到這個話題，語氣裡依然帶有相當強烈的嘲諷。

自慰之所以會給別人帶來一種不太正面的印象，主要還是因為它是性行為的一種替代，沉溺於這種行為便是以替代行為為目的，多少讓人感到不健康。從這角度來看，比單身者的自慰問題更嚴重的，也許是明明已婚、有配偶了還繼續自慰的人。從二十年前開始，我就時不時聽到這一類事情：妻子一直與丈夫過著沒有性愛的生活，有天妻子突然發現自己的丈夫正沉溺於「一個人的性愛」，從此深受打擊。這樣的事情在現實中也許並不少見。

也許是受晚婚化的影響，有位男子坦白說自己二十年來都在自慰，事到如今根本停不下來。對他來說，比起真正的性愛，自慰更能讓他獲得快感。

如果一個人覺得和伴侶進行性行為必須很小心，而自慰行為卻讓他感到沒有顧慮、很輕鬆的話，那麼自慰行為便不是性行為的替代品，他已經陷入自我目的化的階段了。即便不能說自慰行為是一種異常行為，但如果把自慰行為自我目的化，從人口不斷減少這一點出發，也是一個現實問題。

透過自我刺激獲得快樂，因為不需要他人插手，很簡單就能滿足自己的需求，所以很容易讓人養成一種無休止的嗜癖。酒精或藥物成癮等諸多依賴症，也都是透過自我刺激獲得快樂，進而陷入這樣的陷阱中。

他人的不幸是蜜味的

中世紀的英國發生過這樣一件事情。在一個叫考文垂市的地方，市民一直苦於繁重的賦稅，領主夫人戈黛娃不忍心看到市民的生活如此淒慘，多次懇求自己的丈夫減免賦稅。可是，頑固的領主從來都沒有接受她的懇求。

在夫人不斷的懇求下，領主終於堅持不住說：「只要你裸體在大街上走一趟，我就滿足你的願望。」當然，領主那麼說是因為覺得夫人肯定會知難而退。然而，夫人戈黛娃卻接受了這個考驗，只不過條件是在市裡貼出告示，命令任何人都不許出門。夫人戈黛娃騎著馬，除了一頭及腰的長髮，赤身裸體地繞著考文垂市走了一圈。

市民們憐憫夫人戈黛娃，誰都沒有想去窺視她裸體的樣子。可是一個裁縫店裡叫湯姆的男子，透過門上的小孔偷窺了夫人戈黛娃的身體。結果，湯姆遭到報應，眼睛失明。據說自此人們便把「偷窺狂」這個詞寫作「偷窺的湯姆」（Peeping Tom）。

人們之所以譴責偷窺的人，不僅因為這些人單方面地侵犯了他人的隱私，也因為偷窺行為是一種幸災樂禍的不道德行為，偷窺別人的時候，自己可以看到對方，對方卻看不到自己。但即便這種沒有互動性的單方面行為會受到譴責，依然無法阻止偷窺者從中獲得快感。

實際上，窺視別人的私生活對大多數人來說似乎也是一種令人愉悅的行為，特別是在看到他人不幸或是羞恥的樣子時。雜誌或是電視上一些關於他人醜聞的事件，之所以總會被鋪天蓋地地報導，恐怕也是因為不少人對窺視別人的私生活很感興趣。

從這點來看，窺視這一愛好已經廣泛滲透到整個社會當中了，現在我們每天都能透過攝影鏡頭窺視他人的不幸或私生活。當然，看到那些陷於不幸的人，多數人都會為其感到悲傷，但當你自己失去親人或孩子，生活在不幸中時，應該不會希望無關的人看到自己不幸的樣子吧。

但是，鏡頭不會顧慮到這一點，它毫無顧忌地踏入你不想被曝光的領域，因為這是觀眾的需求。不管是什麼冠冕堂皇的理由，其隱藏在背後的根源都是**「看到他人的不幸能讓人愉快」，這種「偷窺湯姆」似的快感**。甚至可以說，偷窺這樣的愛好，已經是日常生活中人們娛樂的一部分，成為一種健全的娛樂形式了。

伊拉克戰爭中，我們透過巴格達上空的鏡頭畫面看到房屋和車輛被導彈攻擊後一片狼藉。看到這樣的破壞性場面，有多少人會想到那些逝去的生命，以及戰爭所帶來的傷痛？倒不如說大家就像在看遊戲中的場面一般，更多的是感嘆場面有多壯觀而已。然而，**即使只是看電視的普通現代人，窺視行為一旦自我目的化，就會發展成異常行為。**

以窺視行為本身為目的的異常行為，稱為「偷窺癖」。對於沒有窺視愛好的人來說，這樣的行為只會讓人覺得愚蠢無聊，而具有偷窺癖的人明知會因此被人譴責，卻依然沉浸在這種異常行為中。在沖水馬桶還未普及的時代，曾有一個男子被抓，原因就是他穿著雨衣，撐著雨傘，偷偷潛入便槽中，試圖從便斗的小孔中仰頭偷窺女性。

如今，有偷窺癖的人也開始使用各種高科技裝備，比如透過藏在包裡的高性能相機偷拍女高中生的裙底，但這仍然是一種極其笨拙無聊的行為。教師或員警等公職人員因偷窺或偷拍行為被捕，這樣的事件也時有發生，被捕的人當中甚至還有明星和學者。由此可見，偷窺行為對有偷窺癖的人來說具有強大的誘惑力。

為偷窺女高中生裙底而做出「令人欽佩」的努力，以及在客廳裡一邊吃飯，一邊看電視播放著某些淒慘場景，如果追究這兩種行為到底哪一種是異常的，恐怕會有人為這個問題而傷腦筋吧。前者是被禁止的「異常」行為，後者則是任何人都會做出的「正常」行為。

然而，就像在下一節中我們將會談到的，如巴塔耶（Georges Bataille）所言，正是由於這些「禁忌」的存在，才會有色情社會學的出現。

罪惡哲學家巴塔耶的色情社會學

法國小說家、思想家喬治．巴塔耶創造出的，獨特的「罪惡的哲學」，直到今天仍然受到很高的評價。

巴塔耶所提出的至尊性或色情社會學等價值觀念，與基於人類的崇高品質或純粹的愛的人性、博愛等觀念完全相反。當然，他也不認可道德的價值以及就連尼采都肯定的生命的價值。他認為美和生命只有與醜惡和破壞性相結合時，才會存在反論的價值。而色情社會學正是在矛盾存在的瞬間才能散發它的光芒。

巴塔耶認為，色情在禁忌被侵犯時才會產生，而色情也正是人類的性快樂和動物的性快樂的區別所在。人類社會把性與死亡作為禁忌排除在外，這對於維持秩序與合作是必須的，而性與死亡同時也變成了一種束縛，壓制著人類。當人類侵犯這些禁忌的時候，在意識到罪惡的同時也感覺到了色情的存在。

然而，不同於我們通常所理解的愛的喜悅，巴塔耶說，色情總是「形單影隻」的。色情與我們想像中的愛是完全不一樣的。巴塔耶所說的色情裡，欠缺能互相共鳴之物。巴塔耶同時也論述說：「色情在根本上帶有死亡的意義。」他認為，「汝莫殺人」這樣的死亡禁忌是一種最強烈的壓制，也正因為如此，不管是他人的，還是自己的，最強烈的色情總是隱藏在危及生命的行為背後。

實際上，巴塔耶對死亡的研究極其著迷。他一直沉迷於研究阿茲特克族血腥的活人獻祭儀式。研究這些死亡，從根本上會有一種讓人聯想到自身死亡的誘惑，巴塔耶如是說。

「我自身的死，正因為它是下流的，所以它就像能勾起令人噁心的欲望的髒東西一樣，一刻都離不開我的腦海。」——《喬治．巴塔耶傳》

在巴塔耶的自傳作品《我的母親》中，他曾這樣說道：「我寧可被處罰……我想在自己的處罰中大聲笑出來。」如果從常識性的價值觀角度看，巴塔耶的哲學是病態的、非日常的、罪惡的。從破壞性的事物裡發現令人陶醉的事物，有人把這看成是一種帶有危險性的思想，並對此深感厭惡。

然而，直至今日，巴塔耶的哲學和文學吸引了大批讀者，他具有作為思想家所不可動搖的穩定地位。巴塔耶的思想如此被接受和評價，其原因不必說，皆因他挖出了人類內心深處所潛藏的另一事實。

犯下無差別殺人罪的罪犯自願獲得死刑時說：「我本來就想要嘗試死刑。」他們志在追求那個「至高的瞬間」，試圖在恣意的破壞及殺戮中，尋找被貶低的人生在最後一刻所發出的光芒。這些人的心理與巴塔耶的願望竟然如此驚人地有重疊之處。

巴塔耶的「罪惡的哲學」對於理解那些難以理解的，且依常識而言，犯下令人作嘔的凄慘事件的人的心理，具有重大的作用。其隱藏在背後的到底是什麼呢？創造出「罪惡的哲學」的巴塔耶到底是一個怎樣的人呢？

顛倒錯亂的孩童經歷

巴塔耶中途輟學，成為一名認真的神學院學生，後轉到古文書學校，並在國家圖書館謀得一席職位，成為一名在外人眼裡正經的圖書館館員。他小心謹慎地從自己的表面面目中脫離出來，化名發表自己的著作。

在到國家圖書館就職以前，他的人生發生了一次重大變化。二十四歲時，他以第二名的成績從古文書學校畢業，並被派往馬德里的西班牙高等研究學院。那件事就發生在這個時候，長期壓抑在這個模範青年的內心及身體裡的東西，一下子爆發了出來。

當他被舞女及吉普賽歌手的「色情」吸引，他的內心開始出現異常，而鬥牛場上發生的事情則成為改變他人生的決定性瞬間。

巴塔耶當時目睹了一場可怕的事故，一名年輕的鬥牛士撞在一頭公牛的角上，隨之喪命。公牛的角兩次穿透鬥牛士的身體，最後「深深地挖出他的右眼」。在目睹這慘不忍睹的場面時，巴塔耶感到某種從未有過的快感，他發現了為這場面傾倒的另一個自己：

「就是在那個時候，我開始明白不快往往是最大的快感。」

可以說，以那時為轉捩點，巴塔耶從根本上顛覆了自己的人生觀。

他改變了一直以來品行端正的生活姿態，開始不斷進出各種淫蕩場所及賭博場所而不可自拔。表面上，他仍然是國家圖書館館員，親切、有教養，是一位無可非議的紳士，而同時他的私生活又極其放蕩不羈，並開始化名發表一些顛覆性的作品。

這種兩面性的性格，與其說是為了掩蓋真實面目，不如說這種兩面性才是巴塔耶的真實寫照。就像之前講述過的，巴塔耶所認為的「至高的瞬間」，正是指在生與死、美與醜、秩序與破壞等一系列相互矛盾的兩面性急促重疊下，破壞將秩序吞噬的那一瞬間。

巴塔耶還是神學院學生時，就意識到自己完全相反的價值觀及審美觀。只有顛覆性的東西才能表現出真實的矛盾世界，只有這些東西才能綻放出最強烈的魅力。

但是，為什麼巴塔耶的價值觀會發生如此大的逆轉？原因恐怕是巴塔耶本身就具有兩種相互矛盾的價值觀。愈是將邪惡、醜惡的東西排除在外，去追求正確的、神聖的東西，被排斥的東西就愈容易被強化，巴塔耶正是陷進了這樣一種反論中。

巴塔耶的父親患有梅毒，他在巴塔耶出生時已雙目失明，之後梅毒侵蝕到骨髓，不久便臥床不起，連大小便都伴有極大的痛苦。即便如此，幼小的兒子依然愛著自己的父親。少年巴塔耶甚至幫父親排泄過。然而，因為伴有極端的痛苦，父親在排泄時不斷發出猛獸般的慘叫聲，那時父親睜大的失明的雙眼，在幼小的巴塔耶心裡刻下了深深的印象。

「最令人作嘔的是他小便時的眼神。他什麼也看不見，眼球卻不停向上瞪視，並來回轉動……他有一雙碩大的眼睛，始終睜開著，那雙大眼睛在小便時幾乎變得完全煞白，臉上浮現出如無可救藥、精神錯亂一樣的表情，讓人無法忍受。」——《喬治．巴塔耶傳》

年輕鬥牛士被公牛角挖出的眼球，之所以對巴塔耶有如此特殊的意義，便是因為這與他記憶中父親那雙煞白的翻過來的眼球很相似吧。在少年巴塔耶心中，也許也隱藏著一種想去戳壞父親那雙令人毛骨悚然的白眼球的衝動。否則，巴塔耶不會對被鬥牛角挖出的眼球如此傾倒。

他在之後創作的自傳小說《眼睛的故事》中如此寫道：「父親的梅毒再次擴散，侵蝕他的大腦，使他開始有了妄想症。有一回他聽到母親在和醫生說話，便誤以為他們會做出其他什麼事情來，於是嫉妒得發狂，用下流的語言咆哮起來。」

青春期的巴塔耶逐漸開始憎恨曾經深愛的父親。聽著父親痛苦的慘叫聲，他開始感到某種快感。

丈夫的妄想及對丈夫的看護，使巴塔耶的母親疲憊不堪，她也得了憂鬱症，曾企圖上吊自殺一次，投河自盡一次。或許是想要遠離如此混亂的家庭，巴塔耶進入了寄宿學校。正是從那時候開始，巴塔耶開始有了自虐的衝動。

十五歲時，巴塔耶接受洗禮，想要在信仰中獲得解救。然而在那之後，一件悲傷的事情發生了。第一次世界大戰爆發，德軍逼近到巴塔耶家所在的漢斯街附近。在紛紛而來的炮彈攻擊下，巴塔耶一家丟下父親，從漢斯逃了出來。在得知父親病危的消息趕回家時，父親已經躺在加了封印的棺材裡。「我們『遺棄』了父親。」巴塔耶後來說。這件事情一定在巴塔耶的內心留下了抹不去的傷痛。

為了成為修道士，巴塔耶進入神學院，而正如之前所講述的，他不久便轉到古文書學校。在那時的求學生涯中，又發生了一件令年輕的巴塔耶極其痛恨的事情。

他與青梅竹馬的女孩戀愛了，可當他向女孩求婚時，卻遭到女方家人的極力反對。反對的理由便是巴塔耶父親的病。巴塔耶在給女孩的信中曾經這樣寫道：

「我不再抱有任何幻想了。我明白，我的婚姻可能存在一些不便的地方，我是說我極有可能生出比其他孩子更不健康的孩子。因此別人想遠離我不是沒有道理的，可是如果是這樣的話，我情願你能早點從我身邊離開。」

巴塔耶的話語中充滿高尚、純潔，透露出被愛的渴望，可與此同時，也彌漫著認為自己是邪惡的、醜陋的、不會得到任何愛的深深的自我否定。這也形成了巴塔耶兩面性的性格。

為了從陰暗的自我否定中逃離出來，最初巴塔耶選擇成為修道士，而當這條路行不通時，他又想在一個連自己出身的祕密都知曉的女人身上尋找依靠。可是，他再次遭到了拒絕。

如果沒有這些傷心的經歷，恐怕那次在西班牙所發生的價值觀的顛覆也不會發生在巴塔耶身上。在事態演變成「高尚純潔、被人所愛」的自己無法被他人認可之前，巴塔耶寧可選擇在高調肯定自己「邪惡醜陋，不會被任何人所愛」當中拯救自己。而那時正是巴塔耶兩面性逆轉的瞬間。

然而，巴塔耶並非置身於絕對的罪惡立場。他的兩面性在價值逆轉之後應該依然存在。正如圖書館館員巴塔耶的祕密是：自己是一個寫顛覆性作品的作家；而作家巴塔耶的祕密便是：自己是一個正經的圖書館館員。

巴塔耶著迷於顛覆性的東西，並把其逆轉的價值觀作為一門新的哲學建構起來。另一方面，他內心依然存有充滿罪惡感的自我否定，不，應該說他的自我否定甚至已經潛入到他的新哲學中。最終，巴塔耶認為，惡來自於不被愛以及自己的愛被拒絕。所謂的惡，只能在不被愛的自己勉強維持自己不被愛的狀態下，才能形成。

正如巴塔耶所言，色情是形單影隻的，是不具備相互性的，僅此而已。從中我們也能發現那條自我目的化的封閉快樂電路。

與此同時，來自外界的傷痛也不可避免。不被愛的人想要以一種不被愛的姿態繼續生存下去。正是因為自己身上沒有被愛的價值，所以才企圖追求與愛相反的東西，透過努力做別人眼中厭惡的自己，謀求起死回生的逆轉。

因不被愛而生「惡」

《聖經》裡最初的殺人事件，是哥哥該隱將弟弟亞伯殺害。亞伯被上帝所愛，而該隱沒有得到上帝的愛，於是心生嫉妒的該隱殺害了被上帝所愛的亞伯。該隱應該明白，如果他把亞伯殺了，上帝會更加疏遠他。然而，因為自己本來就不被上帝所愛，所以該隱選擇了保持不被愛的狀態。

在得不到父母或社會的認可時，如果你總是為此而嘆息，就會陷入自我否定的價值觀中，並不斷給自己造成傷害。因此，在這種時候，**比起終日嘆息不被認可，不如下定決心做好自己，坦然接受自己不被認可的事實。**遵從自己喜歡的方式，也沒有必要終日嘆息，而是把自我否定轉變為一種自我肯定，來實現自身價值的逆轉。

選擇自我，以一種不被認可的方式生存下去，這樣的生存方式被稱為「對抗同一性」。多數情況下，**反社會、反權威的生存方式，便是內心具備否定價值觀的人在實現其自身價值逆轉後的結果。**

蹂躪弱者的快感

以巴塔耶為先驅，因色情及嗜虐性為主題的作品而對後世帶來極大影響的另一個人，便是薩德侯爵。薩德親身體驗過人世的醜惡，曾長期困於獄中，在法國大革命中被釋放後又再度被收監，最後死於精神病院中。

可以說，能充分展現出薩德寫作才能的是其作品《茱麗葉，或喻邪惡的喜樂》。故事中，年輕貌美的女主角茱麗葉與各種沉迷於色情的貴族、有錢男人過著放蕩不羈的生活。其中有個讓茱麗葉極為受教的人物，叫盧瓦瑟。盧瓦瑟不僅冷血無情，還是一個只會透過折磨他人來愉悅自己的男人，雖然有位年輕美麗的妻子，卻在妻子面前與其他女人風流快活，還讓其他男人折磨自己的妻子，只有這樣才能讓他興奮。

事實上，盧瓦瑟是茱麗葉父親的仇敵。茱麗葉的父親之所以會破產自殺，完全是因為盧瓦瑟的陰謀詭計。但在盧瓦瑟向茱麗葉坦白一切之後，茱麗葉不僅沒有對自己的殺父仇人感到一絲反感，反而被邪惡的盧瓦瑟所吸引；盧瓦瑟也因茱麗葉想出的某些邪惡的主意而為她傾心。盧瓦瑟在其他男人面前責罵並折磨自己的妻子，最終將妻子殺害，這個主意正是茱麗葉想出來的……在常人眼裡，這種慘不忍睹的場面簡直無法想像。

故事裡不存在人類之間應有的共鳴，有的只是憎惡、蔑視，以及控制者的驕橫跋扈。薩德藉由作品中的人物這樣說道：「是的，我就是上帝。因為我和上帝一樣，我所有的欲望自出生之日起便能立刻實現。」

如今，薩德的文學作品依然受到很高的評價，而其文學作品所展現的有關惡的哲學，雖說與巴塔耶的闡述有相似之處，例如欠缺與他人的共鳴，以及其描寫的惡本身就是其目的，但仍然存在極大的不同。

不同點在於，巴塔耶的哲學是扎根在接近死亡時所存在的危險性上，而薩德的哲學則扎根於一種令人不悅的力量，及其對生命的讚歌這一點上。

巴塔耶所描述的死亡和醜惡，是透過與生命和美相連結而產生出色情；而薩德的哲學裡，之所以追求犧牲者，是因為只有透過蹂躪弱者才能使自己體驗到自身所具有的一種力量，才能享受生命的喜悅。薩德借用人物盧瓦瑟之口說道：

「我一旦聽到充滿強烈情欲的聲音，其他聲音便黯然失聲了，色情是一種絕對不可侵犯的權利。於是我們開始對他人的苦楚嗤之以鼻。然而歸根結柢，他人的苦楚與我們自身之間到底有什麼共通之處呢？我們之所以能理解他人的苦楚，難道不只是因為如果我們也遭受同樣的命運，我們也會感到恐懼嗎？如果同情是由恐懼而生，那麼同情便是一種軟弱，我們應該想盡一切辦法防止自己受到各種汙穢的侵蝕，並盡早逃離。」——《茱麗葉，或喻邪惡的喜樂》

巴塔耶把因禁忌而生的罪惡感看成是色情社會學不可欠缺的要素，而與此相對的，薩德將罪惡感當作仇視的對象，並把沒有良心的「惡」當作一種追求的志向。

但是，從某種意義上來說，將自己父親的仇敵視為讚美對象的茱麗葉，她的生活姿態就是一種自我防衛式的生活體系，即透過維持自己的「邪惡」來保護自己。就像受虐者將自己與施虐者同一化一樣，茱麗葉並不是將自己與被逼自殺的受虐者父親同一化，而是將自己與逼迫父親自殺的殘忍毒辣的施虐者同一化，從而使自己免於傷害，得以繼續生存。

也就是說，這也是將自我否定轉換為自我肯定，以實現最終自我價值的逆轉。若非如此，對於已淪落為娼婦的茱麗葉來說，她的命運只會更淒慘。

施虐症

從以上所述來看，茱麗葉的嗜虐性可以說是對自身命運的復仇，與巴塔耶也有相通的地方。然而，有身為伯爵的父親，在溺愛的環境下長大的薩德，為何會志向於一種純粹的「惡」呢？那種慘無人道的嗜虐性，究竟是從哪裡產生出來的呢？

雖然有關薩德孩童時代的紀錄並不多，但在薩德描述自身經歷的小說當中，在澀澤龍彥先生所選取的其具有自傳要素的記述中，有一處這樣寫道：

「因為一直在一種極其自由、奢侈的環境中長大，從懂事起，我就開始相信一切自然與富裕都是為我而生的。這種可笑的特權意識也讓我變成一個殘暴傲慢、愛發脾氣的孩子。我覺得所有人都必須服從於我，整個宇宙都必須按照我的心情變化而為我服務。」——《薩德侯爵的一生》，澀澤龍彥著薩德曾有一個姊姊和一個妹妹，可是她們一出生便都夭折，所以事實上，薩德是家裡的獨生子，他會在父母的嬌生慣養下長大也就不奇怪了。

但薩德真的是在父母的寵愛下長大的嗎？答案不得不說是否定的。

薩德的父親是一位伯爵，同時是一名外交官，母親是法國王室孔代親王的遠親，婚後成為孔代親王家的高級侍女，工作是擔任孔代親王夫婦的獨生子路易．約瑟夫．德．波旁的教育主管。因此，幼年時的薩德便以王子路易．約瑟夫．德．波旁的玩伴身分，在孔代親王的宅邸長大。幼年時的薩德感覺母親的愛與關心被比自己大四歲的王子奪去，便理所當然地燃起了對王子的排斥情緒。

「有一天，我們為了一些孩子的遊戲爭吵了起來，對方仗著自己的身分，態度蠻橫無理，我不禁恐嚇起他，狠狠地揍了他一頓，出了一口惡氣。」——《薩德侯爵的一生》，澀澤龍彥著

就這樣，因為與王子的糾紛，薩德離開了孔代親王家，成了被母親拋棄的那一方。五歲時，他就開始寄住在遠方亞維農的叔父家裡，一直生活到青年時期。

可以說，幼小的薩德與父母之間的關係並不穩定。薩德與母親在孔代親王的宅邸一起

生活，因為父親是外交官的原因，他的童年時代沒有多少父親的身影，父親過著與薩德和母親完全不一樣的生活。據說薩德的母親和父親有時也會一起出遠門，而那時薩德就被託付給祖母照料。薩德曾說過：

「祖母對我的盲目關心也養成了我身上的各種缺點。」——《薩德侯爵的一生》，澀澤龍彥著

缺乏母愛，加之他人的嬌生慣養，薩德正是在這樣惡劣的不平衡環境下成長的。

三島由紀夫對薩德格外感興趣，並寫有戲劇《薩德侯爵夫人》，而在其成名作《假面的告白》裡也提到了同性戀及對性虐待的嗜好。

有意思的是，三島和薩德有著相似的成長經歷。三島也曾被祖母溺愛，並以「在二樓看護孩子太危險」為由，強行把襁褓中的三島從母親那裡抱到自己房問裡撫養，三島母親只有在給三島餵奶的時候才能抱一抱自己的孩子。而在薩德可以隨心所欲得到自己想要的一切，逐漸養成所謂的「特權意識」之時，他與親生母親之間的依戀關係也變得如外人一般冷漠。

薩德還存在著王子這個競爭對手，他與王子起爭執後，才五歲的他就被母親拋棄到很

遠的地方，從此在沒有溫暖母愛的環境下長大。結果，薩德將自己對女性的憎惡、輕蔑透過施虐的形式表達出來，關於這點也是毋庸置疑的。

薩德後來從軍成為一名陸軍士官，並參加了七年戰爭，就是在這個時候，他開始領會到惡行的滋味。二十三歲時，戰爭結束，薩德從軍隊回來，這時他已經染上了惡癖。

薩德雖然與一位女孩有婚約，但因為他把淋病傳染給女孩，最終婚約取消。雖說是自作自受，薩德彷彿也受到沉重的打擊，在父親的勸說下與另外一個女孩結了婚，然而這次的婚姻生活並非他一直期待的安穩生活。婚後不到一年，薩德便因生活放蕩被判入獄十五天。

之後，薩德不斷製造各種醜聞。愈是被責難，愈是被社會排斥，薩德便愈愈執著於自己的嗜癖，並逐步升級，甚至開始將其正當化。他將女乞丐硬拉到自己的別墅，對其進行鞭打；他在妓院舉辦群交會，進行在當時被嚴厲禁止的肛門性交，因而招來世人的厭惡，並因使用催情劑而被以毒殺未遂的罪名判處死刑。死刑判決雖然最終被廢除，薩德卻無奈淪為長期幽禁。

薩德施虐症的根源所在，很可能是為了給自己曾經受傷的心靈復仇。

薩德身上的嗜虐性、巴塔耶身上混合的自虐性及嗜虐性，這些在那個時代來說都是令人無法直視、慘不忍睹的殘酷幻想。而他們這些殘酷的幻想，都可以說是從幼兒時期開始萌芽的。

孩子被訓斥後也會想回擊一下父母，如果這個行為被禁止，孩子下次就會把玩偶丟到地上，使勁踩踏。乍看可能會覺得這只是孩子的惡作劇而已，但其背後卻潛藏著幼小時候的嗜虐心理。另一方面，還有些孩子一旦被訓斥，便會敲打自己的腦袋，或是往床上、牆壁上撞擊自己。這種自虐行為在幼小的孩子當中也不稀奇。

頗有意思的是，如果要問嗜虐性和自虐性哪一個會最先表現出來，白虐性的案例倒不在少數。

在一些僅明顯表現為嗜虐性的案例中，患者在自我任性的環境下成長的案例比較多；而真正在長期虐待的環境下成長的患者當中，自虐性心理會愈來愈被強化。

兩者的根源都可以說是**愛的缺乏**，就如薩德一樣，他從小在其他人身邊被嬌生慣養，助長了他想怎樣就怎樣的優越感，並透過獲得支配他人的快感來掩飾自己對愛的飢渴。

如果我們把這些行為當作一種求救信號，給予對方更多的關心，那麼這些行為便可以在早期階段得到遏止。如果進一步強加斥責，就會助長這些行為，使其最終走向以這些行為本身為目的的異常行為。

擺脫罪惡的反覆迴圈

從孩子的惡作劇，到霸凌和家暴、虐待、偷竊，以及因依賴症而起的自虐或嗜虐行為，這些行為背後經常若隱若現地表現出一個共通的問題。

那就是，**擁有這些行為的人都具有因得不到他人的愛而產生的孤獨感，以及對自己所缺失的事物的飢餓感。**而這些都是因為缺乏本來可以彌補且治癒與他人之間的關係的相互牽絆而造成的。結果，他們只能把自己的飢餓感關閉在自我目的化的快樂電路裡，讓自己一直沉迷於無論如何反覆都無濟於事的行為裡。

反過來說，為了能從這個惡性循環脫離出來，必須重新找回被周圍人所愛、所認可的感覺。而實際上，一旦陷入這樣的惡性循環，當事人會不斷將這種自我目的化的行為正當化，而周圍人的置若罔聞又會使兩者的隔閡持續擴大，朝著與改善相反的方向演變下去。當事人和周圍人之間共有的，並不是共鳴或是互相關心，雙方只是在一味固執地堅持自己的立場。

但幸運的是，這過程有時也會逆轉，並趨向恢復。而要想讓事態逆轉，有兩個關鍵。一個是，當事人必須認知到，**與透過自我目的化的行為獲得的快樂相比，從自我目的**

化的行為中獲得的損失要多得多。

作家麥克・安迪（Michael Ende）在孩童時代，有次因為玩火而使整片森林燃燒殆盡。雖然森林的所有者寬容地處置了他，沒有把他送往管教所，但是他常常會受到旁人的冷眼對待，無法承受這一切的安迪一家無奈之下只好搬家。這件事讓叛逆期的少年安迪了解，一些不慎重的行為日後一定會得到應有的報應。從那以後，雖不能說安迪變成了一個溫順聽話的好學生，但他再也沒有魯莽行事過。

無論是偷竊、依賴症，還是暴力或虐待，打從心底開始懺悔，是脫離這一切惡行的開端。

另一個關鍵是，**挽回自己與身邊人們之間存有共鳴的人際關係，實際感受到世上仍有愛自己、珍惜自己的人存在，並決心做值得擁有這些愛的人**。

少年安迪之所以沒有走入歧途，是因為他得到了父母，特別是母親的愛護與支持。不管是偷竊、依賴症，還是暴力或虐待，被困於這些惡性循環中的人可以試著去阻止自己的這些行為，找一個可以推心置腹的人支持自己，去享受被愛圍繞的感覺。這樣一來，便能感覺到沉迷於自我目的化的行為其實不會起到任何作用，轉而開始從相互作用的人際關係中，發現更大的滿足及喜悅。那樣的話，那些自我目的化的行為便會成為過去無聊的惡習而化為殘骸，進而失去維持下去的意義。

第三章　從內心走出來的敵人

從內心走出來的敵人

妒恨招致不幸

俄羅斯大文豪杜斯妥也夫斯基憑藉處女作《窮人》一舉成名，並獲得評論家別林斯基的極力讚賞，一躍成為文壇寵兒。然而，他的成功並沒有長久地延續下去。他狂妄自大的處世態度，徹底破壞了他與文壇大家們的感情，就連曾經給過他頗高評價的別林斯基，也逐漸疏遠了他。

第二年，杜斯妥也夫斯基發表了他的第二部作品《雙重人格》（*The Double*）。對於這部作品，杜斯妥也夫斯基自信地認為它是超越上一部作品的又一傑作，但讀者的反應並不強烈，還得到了別林斯基極為嚴厲的批評。儘管其中也有些善意的評價，杜斯妥也夫斯基卻完全地灰心喪氣了。因為之前出版社已經付給他預付金，所以在得知他的第二部作品是如此粗製濫造後，出版社對杜斯妥也夫斯基進行了嚴厲的抨擊。從此，深感懷才不遇的杜斯妥也夫斯基對任何人都懷抱挑釁心理，也逐漸被大家所拋棄。

面對已經完全拋棄自己的文壇及上流社會，杜斯妥也夫斯基為了發洩對他們的怨恨，加入一個空想社會主義者的集會——彼得拉舍夫斯基小組。然而，這又給他招來更慘痛的悲劇。這個集會被揭發企圖叛國，杜斯妥也夫斯基當場被抓，在軍事法庭上，杜斯妥也夫斯基被判處以槍決。

當杜斯妥也夫斯基被帶到刑場，與其他兩個人一同被綁在柱子上，並且士兵已經準備好執行槍決時，終於傳來特赦的消息，行刑於是被中止。但據說被綁在柱子上的其中一人這時突然發狂，杜斯妥也夫斯基雖然得以減刑為四年有期徒刑及服兵役，卻不得不開始長期流放於西伯利亞的艱苦生活。

一旦自己不斷遭受失敗或挫折，人們就會不知不覺地把失敗原因歸咎到他人身上，而不從自身尋找原因。這種人還容易把不認可自己的人看成是自己的敵人，有時也會陷入嫉妒他人的心理當中。即使他人的行為並沒有其他意思，他們也會認為他人是在惡意貶低自己。如果受到他人的欺負，也睚眥必報，非議他人、阻礙他人。

他們與身邊人們的關係會變得愈來愈不和諧，自己也愈來愈被他人所討厭。當其他人都離自己遠去時，他們的工作開始變得更加不順利，逐漸失去了運氣和機會。而這又會加深他們對他人的妒恨情緒，使自己陷入不幸之中。

妒恨心理雖然是我們身邊常見的一種正常心理，可是一旦行之過度，便會立刻踏入異常心理的領域。

夏目漱石的被害妄想症

夏目漱石小時候被寄養在別人家，即便後來回到自己的家，親生父親也一直對他疏遠有加，使他的妒恨情緒日益嚴重。後來夏目漱石到松山中學赴任，仍然無法適應周圍的環境，與他人相處得並不融洽。後來他將這時的經歷寫成小說《少爺》。

在這部小說裡，讓人印象深刻的並非當地教師與學生的親密之情，而是主角那稀奇古怪、仇視現實的社會態度。小說背後隱藏的，正是漱石在那段時間親身體驗到的，被學校教師和學生疏遠的孤獨感。

留學倫敦期間，漱石才開始真正陷入比較明顯的異常心理狀態中。在身材高大的英國人面前，矮小的漱石在體型方面感受到強烈的自卑感。此外，漱石經濟上並不寬裕，只能靠公費維持自己的留學生活，平時的社交及外出活動必須極力控制自己的開支，所以他在公寓裡過起了閉門不出的生活。最後，漱石甚至整天蜷縮在陰暗的房間裡，不吃飯，天天以淚洗面。

公寓的女房東曾經非常關心漱石，可是漱石深信女房東只是表面做做樣子而已，背地裡肯定在說自己的壞話。他甚至推測「女房東就像偵探一樣，總是不斷伺機監視他人的一舉一動」。由此可見，那時的漱石已經患上了某種被害妄想症或幻聽。

「要不要試試出去騎車兜個風，換換心情？」公寓的女房東曾試圖如此規勸漱石，一位日本留學生室友也曾教他騎自行車的方法，然而，漱石就連這樣的親切對待都理解為「不懷好意的敵人」對自己的折磨。

那時，雖然漱石也很想早點回國，他覺得自己有必要調整一下心態，可是他將國內寄來的作為回國費用的錢用來到處搜購書籍，同宿舍的留學生因為擔心漱石買不到回國的票，特地讓人將漱石歸國的船票暫時保管。可見那時的漱石僅僅懷揣一個使命——做學問做出成績。

最後漱石總算回國了，妻子鏡子前去神戶接他的時候，看到他的樣子並沒有什麼特殊的變化，總算鬆了一口氣，可是在回到家的第四天，妻子就發現丈夫不可思議的舉動。漱石與女兒一起在火盆前烤火，當他看到火盆邊放著一枚銅錢，便突然衝著女兒大聲叫罵，還動手打了女兒。父親這不可理喻的舉動嚇得女兒大聲哭叫，妻子鏡子對他的做法也一頭霧水，細細詢問之後，終於明白漱石是出於下面的想法才做出這種事來。以下便是透過漱石的妻子鏡子口述完成的作品，《漱石的回憶》中的一段話：

「漱石在倫敦的時候，有天他正在街上散步，有個可憐的乞丐向他乞討，於是漱石親手遞給他一枚銅錢。當他回家進到廁所時，卻突然發現一枚和剛才一樣的銅錢正得意揚揚地躺在廁所的窗戶邊上。漱石認為這種仿效自己的做法真是令人惱火，堂堂公寓的女房東，竟然像偵探一樣尾隨自己。果不其然，就像之前推測的那樣，女房東正不遺巨細地監視著他的一舉一動。而且，她竟然為了炫耀自己的成果，得意地把戰利品放在他的眼前，著實讓人厭惡。漱石曾非常氣惱地說那個女房東那麼做真是不像話。在家和女兒烤火的時候，有一枚相同的銅錢放在火盆邊上，於是他便認為女兒也把他當成傻瓜，是個不像話的孩子，所以才忍不住做出那麼奇怪的事情。」

一看到銅錢就毆打孩子，雖然漱石有他自己的理由，可是這種理由完全是缺乏根據的猜測。他把身邊的一切，與毫無關係的往事混同在一起，這種認知完全是在扭曲事實。即使是漱石這樣優秀有才華的人，也不能發現自己身上存在明顯的矛盾與錯誤，只是一味地深信自己的臆測。

為什麼即使是頭腦極其清晰的人，也會陷入明顯錯誤的推論中呢？在研究大量這樣的案例後，我們發現，這樣的人都是事先把自己遭到輕視的結論裝進腦子裡，然後用這個結論去解釋身邊的所有事情。也就是說，自己事先下好結論，認為「所有人都把我當傻瓜看」，再用眼前的一切作為根據來解釋結論。

自那以後，漱石還是經常被妄想症所困擾，經常謾罵妻子與孩子，還把家裡的女傭辭退了。然而，漱石的精神並沒有完全崩潰。他後來又不斷發表作品，終於成為一代文豪，而他的這些成就都發生在被害妄想症開始之後。

「無意義的偶然」不存在

還有另外一個人與漱石一樣，雖然也困擾於幻聽與神經衰弱，卻依然能跨過這些障礙發揮自身的才能，取得輝煌的成績。這個人就是精神科醫師卡爾·古斯塔夫·榮格。

榮格的直覺很敏銳，這個性格特點從他小時候便開始顯現。直覺或靈感強烈的人一般都有極強的意志力，榮格也是如此。一旦有了某種直覺，他就會被某種不可動搖的力量所束縛，直到最終將自己的直覺判斷變為事實。

榮格三、四歲的時候，有次母親帶他去博登湖畔拜訪朋友，榮格被那一望無際的深澈湖水深深吸引。孩子都是喜歡水的，榮格也許也是如此，但他卻從這次經歷中獲得了一種自信的直覺：「我一定要住在這湖畔邊。」到了晚年，榮格終於實現了自己的願望。

榮格在與他後來的妻子第一次見面時，也有過這樣自信的直覺。二十一歲的榮格有次去看望一位老朋友，母親囑咐他到時候也順便去老朋友家裡拜訪一下。當榮格走進朋友家時，一位大約十四歲、編著兩條馬尾辮的少女正走下樓梯。在見到少女的一瞬間，榮格就自信地說這個人將來會成為他的妻子。當他和朋友說起自己的想法時，朋友只是一笑而過。這也是理所當然的，畢竟榮格連一句話都沒有和這位少女說過。

然而，六年後，少女二十歲時，榮格與她訂了婚，第二年他們就結婚了。

這僅僅是偶然嗎？還是具有某種特殊意義？其實這是由人如何看待事物的心理特性所決定的。對於榮格這樣直覺很強的人來說，即使是一次偶然的相遇，他也會認為是一次命運的安排。

這個世界上並不存在無意義的偶然，一切都是有意義的，都是從無意識當中獲得的資訊。榮格從自身的體驗中不斷發展了這個思想。

人們一直感興趣的心靈術和夢境解析，以及占星術和曼陀羅等，也是透過一種超越語言的象徵形式將集體無意識，也就是全人類所共有的，來源於無意識的資訊表現出來。榮格認為，透過了解這些資訊所包含的意義，有利於人們意識到自己適合在社會中扮演怎樣的角色，進而實現屬於自己的人生。

過度敏感造成幻覺

然而，從偶然當中也能感覺出特殊意義的敏感心理，已經很接近異常心理了。像拋物型天線一樣過度地接收資訊，有可能把沒有任何意義的噪音，當成有意義的資訊並接收。僅僅是一次偶然事件，也會誤以為是某種具有特殊意義的事情，就像是靈敏度過高的雷達會產生幻影一樣。

對於過度敏感的人來說，細微的咳嗽聲或是身邊人們起身時發出的聲音，對他們也是一種痛苦的折磨。而在並不那麼敏感的正常人看來，那樣的痛苦簡直難以想像。對於咳嗽聲或者周圍的人所發出的聲音，抑或擦肩而過的中學生的歡笑聲，如果只是偶爾感覺那是他人在指責自己或嘲笑自己，那麼這種心理很正常。但是，**如果你終日都被這些聲音所折磨，甚至覺得自己從這些聲音中清楚地聽到了別人責罵自己的話語，那你的心理可能已經踏入異常心理的領域了。**

去洗手間時，偶爾會聽到隔壁啪的一下關上玻璃窗。如果你覺得那只是偶然，那表示你的心理很健康。但有些人會把那種聲音理解為有人在諷刺自己上廁所的行為，這種人沒有把偶然的事情看成偶然，而是認為這是一種具有特殊意圖或特殊關係的行為。這種心理也可以叫作「**關係焦慮**」或「**被害焦慮**」。一旦這種症狀加劇，有些人就會做出某種妄想性的解釋，認為是自己上廁所的聲音會吵到鄰居，所以自己上廁所的時候，鄰居才會把玻璃窗關上；更有甚者，還會認為鄰居一直在監視自己。

有時在路上與偶然碰到的熟人打招呼，熟人沒有理會自己，冷冷地從自己身邊走了過去。正常人一般會認為那只不過是一次沒有意義的偶然情況，對方一定是在想著其他的事沒有注意到自己。但是，也有不少人會思前想後，覺得肯定是有什麼特殊的意義。

這種心理一旦加劇，他們甚至連偶爾碰到朋友時都會感到緊張，一直猶豫自己是應該先打招呼呢，還是反正朋友也不會理會自己，乾脆不打招呼。就這樣一直在心裡糾結，到最後，甚至因為不想被當成傻瓜而只是眼睜睜地盯著朋友。實際上，這樣的舉動會讓他人誤以為是挑釁，反而會給自己帶來麻煩。漸漸地，這種人會變得害怕出門。

哲學家尼采也是從小就對任何事情都過度敏感，常常苦於自己的幻聽及噩夢。年僅二十四歲就成為巴塞爾大學教授的他，在大學裡漸漸將自己孤立起來，經常掙扎於頭痛及不良的身體狀況中。最後他患上了憂鬱症和被害妄想症，變得愈來愈害怕出門。別說在大學裡教書了，就連在巴塞爾城裡散散步也變得極其困難。年僅三十四歲，尼采便辭去教授的職位。從此以後，尼采再也沒有從事過一份穩定的工作。

然而，這種過度敏感的性格，也必然與靈感或創造性有互通的一面。因為尼采留給後世的成就，正是從他辭去大學教授的職位開始的。

被排擠後的大腦

被害妄想症或幻聽症，多數時候會因為患者與他人的交流不足及自我孤立的環境而惡化。因此可以說，夏目漱石留學倫敦所經歷過的孤立感，導致他這些症狀的惡化。歸國後，漱石同樣在大學及報社裡嘗到孤立的滋味。這種狀況也導致漱石的被害妄想症一再惡化。

榮格的情況也是如此，他在與佛洛伊德決裂、被精神分析學派排斥在外後，在孤立的狀況下度過了痛苦的幻聽症時期。榮格甚至懷疑自己是否得了思覺失調症。而尼采之所以不得不辭去大學教授的職位，也與他和華格納的關係破裂，以及被其他教授孤立有關。

人是社會性生物，因此才會有想要被他人接受的強烈願望。當這種願望被破壞時，人便會感受到被社會傷害的痛苦。自己成了被他人排擠的一方，人類對於這一點極度敏感。

一旦成為被他人排擠的人，人類大腦中的痛覺中樞便開始活躍，而這種痛苦程度完全不亞於肉體的痛苦。

有這樣一項實驗，實驗人員要求三個參與實驗的人一起在電腦上玩傳球遊戲。起初三人一起玩傳球遊戲，過了一會兒，其中兩個人開始拋棄第三個人，兩個人一起玩。這個時候，電腦上顯示，被排除在外的那個人的大腦，其痛覺中樞的背側前扣帶皮質呈活躍狀態。而實際上，其他兩個人做出這種行為不過是受電腦指揮而已。

為了充分驗證這一實驗結果，實驗人員又做了一次同樣的實驗，結果被排擠在外的人，其大腦還是發生同樣的反應。也就是說，當一個人受到他人的排擠後，他的大腦活動就會變得活躍。

比起最一般的霸凌型態，即肉體上的直接暴力，無視他人或排擠他人這種做法，更能將其特性轉化為優勢來攻擊對方。因為排擠他人無須將自己變成明顯的加害者，就可以讓人嘗到無比痛苦的滋味。

這種被排斥在外的體驗，不僅是讓人承擔一時的苦痛，而且會長期改變一個人的心理構造及大腦的運作。

被他人排斥在外的人，即使明白這是他人對自己的一種不正當做法，也依然容易貶低自己。他們很容易衍生出一種信念，認為大家都討厭自己，自己無法融入大家的氛圍當中，而這種信念最終將支配這個人以後的人生。

受到他人欺負的人，會對自己愈來愈沒有信心，也會對人際關係感到強烈的不安，進而導致自己漸漸脫離他人的視線，這樣的情況也時有發生。

然而，從漱石的例子我們也可以看出，人之所以會陷入被害妄想這種心理狀態，並不能絕對地說是身邊人們的原因，有時也因為自己把本來不存在惡意的事情，固執地理解為他人的惡意對待，從而使自己身心崩潰。

比起被身邊的人孤立，自己將自己孤立起來的情況也很多。因為過度敏感或自尊心太強，使得自己極度容易受到傷害，對事物的理解也存在偏差，這樣的情況也經常發生。

「大家都在離我遠去……」

一名男子來和我談論他的煩惱，他說他身邊的所有親人一個個地離他遠去，他愈來愈感到自己被孤立。一些很親近的朋友，以及工作上的老客戶也逐漸疏遠他，不像以前那樣和他聯繫；與母親從很早以前就開始經常吵架，最近他又與兄弟因某些瑣事起衝突，到了絕交的地步。而就在最近這幾天，他與自己最後的依靠——兒子和兒媳也鬧了彆扭。他自己也感覺奇怪，不知道為什麼總是會發生這樣的事情。

我讓他描述一下最近幾天和兒子及兒媳之間的爭執，這位男子說，有位相當於他兒子的堂弟的親戚結婚，所以他要求兒子和兒媳給這個堂弟送上賀禮，他甚至連應該送多少錢合適都告訴了他們。然而一段時間後，這位男子一打聽才知道，兒子和兒媳並沒有去參加婚禮。於是他向兒子和兒媳抱怨此事，接著又抱怨起他們連盂蘭盆節[註]都沒有回老家探親。他甚至將盂蘭盆節和年末回老家探親時，他人寫有祝福問候的本子的一頁拍下來作為證據，用手機傳給兒媳，並再次質問他們有關婚禮的事情。

於是，兒媳回他：「雖然您讓我們去參加婚禮，可是因為我們和那個堂弟並不經常來往，所以這次我們不打算特意去婚禮上祝賀。」後來兒子和兒媳回老家，這名男子一直等著他們再談一下有關上次婚禮祝賀的事情，可是兒子和兒媳完全沒有這個打算，隻字未提。看到兒子和兒媳的這般態度，這名男子頓時心生怒氣，心裡嘀咕著「他們心裡到底是怎麼想的」，並深深覺得自己有種被蔑視的感覺。

這名男子不滿的原因，是兒子和兒媳沒有按照自己所期待的那樣去行動。他所看重的是合乎常理的社會常規，並希望自己的兒子和兒媳也能遵從這一點。可是，兒子和兒媳，特別是兒媳，有著自己的看法，並沒有遵從父親強加給自己的做事方法。另外，這名男子僅僅因為覺得自己所說的合乎常理，便將本子上寫有祝賀詞的那一頁作為證據拍下來、傳給兒媳，他的這種行為反而使得兒媳的態度更加強硬。

這名男子在人際關係中極為失敗的原因，便是他無法接受對方的做法與自己的期待相悖，不管對方是怎麼考慮的，對方都必須時刻按照他的想法去行動。結果便是他只是一味地主張別人應該去做他認為正確的事情，並積極尋找證據來證明自己的正確，而完全疏忽了對方的想法。

註：日本僅次於元旦的盛大節日，因與暑假重疊，大多數人都在這時返鄉。

絕對自我的陷阱

這名男子太過注重按照社會常規做事，比起他人的想法，他更看重自己的行為基準，使得自己陷入絕對自我主義的陷阱。只不過他本人還沒有意識到這一點。這名男子一直認為，不按社會常規做事是錯誤的。

回過頭來看之前這名男子與其他親人朋友之間的各種糾紛，我們就能發現反覆發生在他身上的各種糾紛，其模式是完全一樣的：他為母親做了很多，卻沒有聽到母親表達他所期待的感謝話語，為此他經常感到情緒焦躁。與兄弟之間的不和睦，也是因為對於自己所做的事情，對方沒有表現出自己期待的反應，他便突然激動地責罵兄弟，被責罵的兄弟覺得他不可理喻，也開始對他動怒，最後兩人斷絕了關係。朋友和老客戶也是如此，因為他無法忍受對方做出自己意料之外的事情，才引起了糾紛。

陷入絕對自我主義陷阱的人，一直都堅信錯的不是自己，而是他人。這樣的人會認為是他人違背了自己的意願，然而他們卻沒有發現問題的根源在自己身上，因為他們太過於期待他人的行為能與自己的價值觀、處事作風相一致，總是把自己的意願強加於他人。為了讓對方讓步，他們甚至會找出證據來證明自己是正確的，如果對方仍不能理解自己，他們便會責罵對方。這樣一來，非但無法解決問題，還會進一步破壞雙方的關係。

這名男子最後終於領悟到，是自己一直將自身的期待強加於他人，才導致大家離他遠去，他後來說：「我一直覺得問題出在別人身上，所以一直想要去改變他們，可一直事與願違。**比起改變他人，改變自己才能更快地解決問題吧。**」

偏執分裂和憂鬱

開創客體關係理論的精神分析學家梅蘭妮・克萊恩（Melanie Klein），在對嬰兒的觀察中，發現了嬰兒客體關係發展中的兩種基本狀態。

一種是如果事情沒有按照自己所希望的進行，兒童會表現出對他人的氣惱，會想去攻擊他人，這種狀態叫作「**偏執分裂位置**」。這是人在嬰兒時期的典型狀態，之後就會慢慢發展為另外一種狀態——當事情無法按照自己所期待的進行下去時，兒童寧可責備自己，寧可悶悶不樂，克萊恩將這種狀態叫作「**憂鬱位置**」。

在偏執分裂位置中，嬰兒會把所有違背自己意願的人看成敵人，把他們當作自己發怒與攻擊的對象，即使對方是一直照顧自己的人。也就是說，嬰兒看重的是那一瞬間性的滿足，自己的快與不快占據優先位置。克萊恩把與受瞬間的快與不快所支配的客體關係稱為「部分客體關係」。在部分客體關係中，一分鐘前還是「愛的對象」，一分鐘後就可能變成「恨的對象」。

而**在憂鬱位置中，當不快發生時，兒童會懷疑不快的原因是否在自己身上。**另外，不僅僅是自己的不快，在這狀態中，兒童也會漸漸了解他人的不快。也就是說，發展到憂鬱位置階段，必須培養兒童反省自己及體察他人心意的心智，不僅是某一瞬間或某一部分，而是從整體的視角去反思自己與他人的關係。克萊恩把這種客體之間的關係稱為「完整客體關係」。

如果想發展兒童的完整客體關係，就必須使兒童在充分感受人與人之間的共鳴基礎上，去培養自己敢於面對自身錯誤的能力。反過來說，也就是**兒童時期愛的不足或是過分嬌生慣養，都會妨礙兒童完整客體關係的養成。**

在兒童的成長過程中，兒童的客體關係在發展為完整客體關係時，也容易陷入部分客體關係或偏執分裂位置中，這種情況並不少見。有些兒童甚至在長大成人後，其自身的偏執分裂位置依然處於優勢。這種情況多發生在這樣的兒童身上：他們無法得到安全感或是無法與他人產生共鳴，在他人不斷的責罵聲中長大，並且一直生活在充滿暴力與被他人疏遠的孤獨感中。

偏執分裂位置及部分客體關係這兩種概念，有助於我們理解發生在我們身邊的異常心理。絕對自我主義也可以說是一種偏執分裂位置。在這種狀態中，人們只把自己的行事作風當成正確行為的基準，認為所有破壞這個基準的人，都是使自己不快的敵人，都是自己攻擊指責的對象。這種人會覺得自己一直在受他人的攻擊，自己只不過是加以還擊而已。

在上文所談到的案例中，那位男子最後終於發現自己的錯誤，過去他一直以為問題都在他人身上，而實際上他自己的行為及理解方式才是問題所在。也就是說，這名男子終於能將觀點從部分客體關係，轉移到完整客體關係上。

事實上，心理療法的作用之一，便是幫助人們脫離部分客體關係的觀點，從而獲得完整客體關係的觀點。在這過程中，人們必須直面自己的錯誤，才能達到修復心理的作用。然而，**並非在受到他人的指責後才能直面自身的錯誤，他人所給予的、能引起共鳴的充分支持才是幫助自己直面錯誤的必要條件。**

自戀性防衛

克萊恩還提出一個幫助我們理解異常心理的重要概念，在這裡我們也提出來探討。無論是誰，能夠做到直面自己的錯誤都是件非常不容易的事情。能坦率地說出「是我的錯」的人，一定是相當有氣度且值得尊敬的人，就連頗具社會地位的人在被別人指出自己的錯誤時，也會感到憤怒，並不斷支吾搪塞，甚而將責任推卸到其他人身上。因為這樣一來，自己就不會受到任何傷害。

用克萊恩的話來說，就是因為陷入憂鬱位置會伴隨極大的痛苦，人們為了避免痛苦，所以會進行自我防衛。與直面自己的錯誤、從內心譴責自己而使自身不愉快這做法相比，盛氣凌人地攻擊他人顯然更為輕鬆。克萊恩把這種為了避免自身陷入憂鬱位置而產生的防禦方式叫作「**躁狂性防衛**」。

躁狂性防衛的三種感情特徵是**支配感**、**征服感和輕蔑**。這三種特徵都具有藉助自己優越於他人這一點來保護自己的心理作用。這樣的人有時也會透過展示自己優越的一面來獲得他人的讚賞，從而達到保護自己的目的，這種行為被稱為「**自戀性防衛**」。

也就是說，當人們充分發揮躁狂性防衛或自戀性防衛時，即使困難就在眼前，他們也不會感到心情低落或孤立無援，而是表現為自信滿滿。

夏目漱石身為作家在文學界名聲大噪時，決定離開大學，只用自己手中的一枝筆不斷奮鬥下去，這個時候漱石的精神狀態是最穩定的。然而，當他成為一名專業作家，不得不為了生存而寫作，而且有段時間裡他的作品並沒有受到大家的讚賞，身邊的支持者逐漸遠離他，他也開始在報社中孤立無援，這時的漱石又重新回到了不穩定的精神狀態中，胃潰瘍也開始反覆惡化。

漱石對自己的妻子及孩子的殘暴舉動，也一定是出於躁狂性防衛心理，試圖透過支配他人來保護自己。

人們在倍感壓力時，會透過支配弱者來保護自己，從而維持自身內心的平衡。這也是使人們邁向身邊隨處可見的異常心理的入口。

是性欲，還是支配欲？

佛洛伊德所重視的支配人類的根本衝動中，有一種便是性衝動。佛洛伊德認為，性衝動在幼兒階段就已經存在，幼兒時期遇到怎樣的性衝動對象，以及體驗到怎樣的滿足感或不滿足感，決定了將來伴隨這個人一生的嗜好及性格。

在佛洛伊德那個時代，不少人反對佛洛伊德這種一切都用性衝動來解釋的做法。其中一人便是阿爾弗雷德・阿德勒，他最初也曾是佛洛伊德學說的信奉者。

阿德勒強調，與性衝動相比，支配欲才是激發人類的根本衝動。阿德勒在與佛洛伊德決裂後，確立了自己自成一派的心理學。他認為，只有支配欲才是人類的根本衝動，這個思想繼承了哲學家尼采所強調的「權力意志」才是一切事物的根本衝動的思想。而這個思想也透過心理學家亞伯拉罕・馬斯洛加以證實，並進一步推進。

馬斯洛曾經在布朗克斯動物園觀察過猿猴的舉動。他發現，雖然大多數時候猿猴都騎在其他猿猴的屁股上，但並不一定是雄性猿猴騎在雌性猿猴上面，同性猿猴之間也會相互騎在對方上面。馬斯洛從這個現象中總結，猿猴之所以會騎在其他猿猴的屁股上，並不是出於性衝動，而是受支配欲控制。

馬斯洛在把研究對象由猿猴轉為人類的面試調查中，得出這樣的結果：根據支配傾向（想要支配他人的強度）的不同，可以將女性分為強、中、弱三種類型，並且這三種類型的行為模式表現有明顯的不同。

有趣的是，男女在相互吸引的時候，多數情況下其支配傾向也比較接近，特別是比較投緣的男女雙方，男性的支配傾向只比女性稍微強烈一點。只不過馬斯洛的這個研究結果只適用於二十世紀三〇年代，在其他年代並不一定是事實。

不過，一般情況下，我們可以這樣認為：支配傾向強的男性與支配傾向弱的女性並不般配。馬斯洛認為，**如果雙方的支配傾向差別太大，兩人便很難產生一段認真的戀情**。這點恐怕即使時代變遷也通用。

如果雙方的支配傾向差別極大，但仍然很投緣的話，那麼這對關係甚好的情侶之間似乎應該是ＳＭ[註]的關係，可事實並非如此。只有極少數人能在ＳＭ的關係中獲得滿足感，大多數人還是比較喜歡雙方對等或是接近對等的關係。馬斯洛認為，當支配欲強的人與支配欲中等或支配欲弱的人存在肉體關係時，與其說雙方之間是認真的戀愛關係，倒不如說支配欲強的人所追求的，是對自身欲望的滿足。

支配欲強的人之所以會特意選擇支配欲中等或弱的人作為自己的伴侶，多數情況下是因為其自身無法建立與他人對等的人際關係。因此，他才會選擇處於絕對劣勢的人做自己的伴侶。這樣，他就能按照自己的意願來控制支配欲比自己弱的人。

註：性虐待，指將性快感與痛感連結的特殊性活動。

而且透過這樣的方式，支配欲強的人不必擔心自己會被他人拋棄，這便能滿足他的支配欲望。這個時候，雙方就會變成「支配－隸屬」的關係，或是「庇護－忠誠」的關係。在前一種關係中，支配欲強的人會將自己的伴侶當成傭人一樣，趾高氣揚地對待，稍有不滿便對其發洩憤怒。相反地，在後一種關係中，支配欲強的人會變成伴侶的保護者，把伴侶當作自己的孩子一樣照顧，並為伴侶安排好一切。

然而不管是哪一種關係，支配欲弱的人都不會有自己的主體意識，支配欲強的一方享有一切決定權，支配欲弱的人只不過是言聽計從而已。

只愛朋友妻的羅素

英國哲學家伯特蘭．羅素，同時也是一位和平主義社會活動家，並且是諾貝爾文學獎得主。然而，在這樣華麗的公眾外表背後，羅素的私生活極其放蕩不羈，曾長期處於醜聞事件的風口浪尖。

羅素一生中有過四次婚姻，第四次結婚時已經八十歲了，可見其性欲有多麼旺盛。實際上，他也經常驕傲地在旁人面前談論此事，他的這種完全不符合諾貝爾獎得主身分的言論，經常引起周圍人們的不快。

羅素沉溺於對男性生殖器的迷戀，因為那是性欲與支配欲的結合體。對於這樣的人來說，有魅力的異性都是他們的獵物，而且他們感興趣的並不是被征服的對象本人，而是將獵物據為己有的過程。也可以說，他們的征服是一種自我目的化的行為。因此，他們會不遺餘力地將異性一個個據為己有；一旦得手，對獵物的興致便會驟然冷淡下來。他們與戀人或者配偶之間的關係必然不會保持穩定。

羅素尤為感興趣的是朋友或熟人的妻子。就像人們常說的，在色情世界裡，對於男人而言，最可口美味的女性便是他人的妻子。羅素也似乎被通姦的魔力所迷惑，不斷染指朋友的妻子。哲學家懷德海的妻子以及詩人T．S．艾略特的妻子等，都成了羅素的犧牲品。很多人因此家庭破裂，或者精神失常。

羅素之所以無法只與一位女性建立穩定的依戀關係，應該與他小時候的經歷有關。

羅素的母親在他兩歲時便生病去世了，在母親去世之前，父母之間的愛情也稍有奇怪之處。夫婦倆對大兒子的家庭教師因為患有結核病所以一直單身很是同情，為了滿足這位年輕男子的欲望，妻子自願獻出自己的身體。我們也是在最近幾年才開始認真討論有關「性愛志願者」的問題，卻不知道這個現象原來在一百四十年前就已存在。無論是思想多進步的理性主義者，在道德體制氾濫的維多利亞王朝時代，貴族夫人主動將自己的身體貢獻給丈夫以外的男子，這都是異想天開。因此，妻子與兒子家庭教師之間的親密關係，可能是在丈夫允許的前提條件下發生的。

讓人意想不到的是，這樣的異常關係，竟然是在羅素出生後不久發生的。當時正值幼年的羅素與母親培養依戀關係的時候，母親卻與丈夫以外的男子開始了一段親密關係。在這樣的情況下，恐怕母親對自己孩子的關心多少都顯得有點漫不經心吧。當然，依照當時貴族的生活習慣，夫人很早就對自己的孩子斷奶，孩子是由奶媽餵養的。

此外，羅素之所以會如此執著於性愛，可以說與幼年時期所受到的一次傷害有關。有次，幼年的羅素從馬車上摔了下來，造成局部身體受損，可能是後遺症的關係，年輕時候的羅素患上了陽痿，從此陷入了極度的自卑中。

當然，後來羅素變得性欲旺盛，大概也有精神方面的原因，然而青年時期的羅素卻是一位對自己的身體極其沒有信心的年輕人。

羅素的第一任妻子比他大五歲，是一位極其性冷淡的女人。那時羅素心裡所想的，可能就是找一位適合自己的女子。然而，隨著自身陽痿問題的改善，在享受到性愛的喜悅之後，他便開始毫不避諱地尋找起獵物來。我們可以認為這是羅素想要過度補償曾經對性愛深感自卑的自己。到了中年，作為哲學家及和平主義活動家的羅素，隨著自身的名望愈來愈高，很多與他一起做活動的女性追捧者便組成了他的深宮後院。

羅素對於女性的那種不知厭倦的征服欲望，根源於他無法與任何人構築一份穩定的愛情關係。由於無法達成本來想要追求的目標，而陷入與之前我們談過的自我目的化的行為一樣的境地，羅素只能被困在沒有出口的，反覆強迫的迴圈路線中不能自拔。

羅素這種類型的人，在世人眼裡有一個華麗的外表，能力出眾，自信滿滿，然而與他們接觸下來，你會發現無法與他們產生共鳴，而且他們對於他人的痛楚完全漠不關心。表面上是和平主義社會活動家，即使私生活與其表面光環完全相反，卻仍然被看成是世界和平活動家，並享有極高的聲譽，這恐怕也是我們經常遇到的一種諷刺性的現實。

缺愛和自卑感，導致病態的自戀

比羅素早一個世紀的浪漫主義詩人拜倫，也是一位極其自戀的人物，他的生活比羅素更為混亂，並在其波瀾起伏的人生中耗費了自己的才能與生命。

拜倫與女性之間的關係比羅素更為怪異。拜倫無法擁有與女性之間對等的愛情關係，喜歡自己處於優勢地位。他所選擇的愛人或伴侶，要麼是賣淫窟的娼婦或者他的崇拜者，要麼是幼稚的小女孩或者農夫的妻子，抑或是還俗修女等，她們一般都是無法真正理解他的女性。在這種性取向背後，究竟隱藏著什麼事實呢？

其實，拜倫的幼年時代比羅素更為淒慘，他的自卑感極為強烈，與父母之間的依戀關係也充滿深深的傷痛。

拜倫的父親約翰是個史無前例的極品人物，被人稱為「瘋傑克」，日夜沉溺於賭博及女色之中。如果說他作為一名父親還做過什麼的話，那就是他在揮霍掉拜倫母親的所有財產後沒有跟別的女人私奔，以及他留給拜倫一個與前妻所生的同父異母的姊姊。也有人說拜倫的父親最後是自殺而死的。

面對拋棄自己的男人的孩子，雖說孩子也是自己的，女人的心情一般都會很複雜。尤其如果是兒子，女人更會從兒子身上找到拋棄自己的男人的影子，並在不知不覺中把對前夫的負面想法投射到孩子身上。拜倫的情況就是這樣一個典型的例子。

而讓拜倫的情況更為惡化的是拜倫的右腳畸形，走起路來一瘸一拐。他的母親常常像對待累贅一樣對待自己的孩子。周圍的孩子也經常取笑拜倫，欺負拜倫。拜倫的少年時代可以說極為不幸。拜倫那異常自大的個性，及過強的自尊心等扭曲的自戀情結，恐怕就是因為在幼年時代被百般奉承之後，又掉入極為淒慘的生活所導致的。拜倫對其身體的自卑，也使他無法相信自己能與女性建立對等的愛情關係。

如果拜倫一直陷在如此淒慘的境地之中，我們也就無法知曉拜倫的才華究竟能施展到怎樣的地步了。

命運為他安排了一系列成就拜倫的事件。他的堂兄弟戰死，四年後身為男爵的祖父也去世，因此，拜倫成為拜倫家族巨大財產及其爵位的繼承者。那時拜倫年僅十歲。從此，拜倫搬到鄉下宏偉壯觀的府邸居住，從名門學校哈羅公學畢業後，進入劍橋大學就讀。表面上，拜倫是位貴族公子哥兒，可是他內心不穩定的那部分並沒有痊癒。

用現在的話來說，拜倫內心不穩定的根源，可以說是一種喪失自我的心理危機。究其原因，與父親的離開、母親的冷淡，以及與身體上的自卑感所緊密結合的醜形恐懼等，都有千絲萬縷的關係。

簡單說來，拜倫有一種無法愛上女性的自卑感。

在性取向上，拜倫是雙性戀，他並不是只對男性感興趣，不屬於純粹的同性戀。拜倫對於男性的性欲，是作為對女性性欲的替代品發展而來的。不對等的性關係，其對象可以是比自己年齡小的男性，甚至可以是兒童或嬰兒。拜倫也是如此，有時他會選擇遠遠小於自己、只有十幾歲的男孩作為自己的性愛對象。

拜倫甘願選擇並不符合自身條件的女性作為自己的伴侶，也是由他的自卑感所致。

自我愛戀的人經常會選擇與自己並不般配的對象做伴侶或愛人，在其極度自我愛戀的背後，其實是自卑感在作祟。

為什麼無法阻止伴侶虐待孩子？

拜倫或羅素這樣的人，比起對等的愛情關係，他們更傾向於從隨心所欲地支配他人中獲得滿足感，雖然並不是多數人都如此，但這類人絕不是少數。相反地，也有不少人喜歡被優越於自己的人支配，並從中尋找快樂。

有些人很容易被拜倫或羅素這種在某方面具備卓越才能的魅力人物所吸引，他們把這些人當神一樣來崇拜，對這些人言聽計從。這樣的行為並不值得大驚小怪，然而，現實中有些人會做出比這些行為更不可理喻的事情來。而且，他們的行為對象並不一定只是有魅力、有才華的人。

在薩德屢屢因放蕩行為被以無恥之罪逮捕入獄時，他的妻子不僅幫助他逃出監獄，還把他暫時藏在自己的房屋中。薩德的妻子竟會原諒他如此倒錯的放蕩行為，可見對於薩德的妻子來說，比起遵從社會上的主流價值觀，時刻忠於自己的丈夫更為重要。

這樣的情況在如今的現實世界中也時有發生。我曾經遇過幾位女性，她們在伴侶的教唆下為伴侶做犯罪的幫凶，甚至替伴侶承擔罪責。還有位年紀大於伴侶的女性，對愛人言聽計從，不但沒有阻止愛人虐待自己的孩子，有時甚至還會幫助他，袒護他，以至於孩子最終被虐待而死。

事實上，支配欲中等或支配欲弱的女性，幫助支配欲強、一直控制著自己的男性犯罪的事件數不勝數。隱藏在這些事件背後的原因是共通的，那就是他們不想失去對方的愛，所以甘願受對方支配，對對方言聽計從，甚至為了對方犧牲自己。

對於這樣的人來說，只有受到他人的支配才會有安全感。而他們大多在幼年時期遭受過父母的虐待，或是缺少可以真正保護自己的父母的愛。

嫉妒是人類情感中最強烈的心理

但是，支配欲弱的人並非只滿足於被支配的狀態，而不去追求滿足自我的支配欲望。

支配欲弱的人也是有支配欲的。

這樣的人要滿足自己的支配欲望，一種方法就是去支配比自己支配欲更弱的對象。支配欲不強的人，在整個大集體中看似完全不起眼，可是一旦他們和比自己支配欲還弱的人組成伴侶，便開始隨心所欲地支配對方。於是經常出現有些人在外的行為表現與在家截然不同的情況，因為他們會透過在家控制配偶或孩子，來滿足自己的支配欲望。

第二種方法，便是把自己與支配自己的人同一化。也就是說，即使伴侶如暴君一般支配著自己，依然可以透過將自己與暴君伴侶同一化來獲得自身的滿足感。

第三種方法是透過集體的力量來滿足自己的支配欲。一個支配欲弱的人，可以透過加入優勢群體來使自己在少數派中贏得優勢。透過加入支配欲強的人率領的群體，使自己與他們同一化，即使是面對一對一無法戰勝的對手，自己仍處於優勢地位，進而滿足自己的支配欲望。從倚強凌弱的霸凌，到為霸權而起的戰爭，歸根究柢都是支配欲與優越感在作祟。而其背後，應該是人的嫉妒心及充滿怨恨的情感在作祟吧。

羅素曾說過，嫉妒心是人類情感中最強烈的心理。他認為，引起資產階級革命或共產主義革命，使得幾個世紀的政治處於動盪之中的，就是大眾的嫉妒心理。因為大眾的嫉妒心理，很多人在法國大革命中被送上斷頭台；因為嫉妒心理，納粹戰爭中猶太人一個個被當成了代罪羔羊。

在充滿競爭的社會中，所有人都是其他人的競爭對手。隨著彼此的差距不斷加大，人們的嫉妒心理也會不斷增長。本來是集體共同活躍的社會，所有人都為了集體的幸福去競爭，如今卻逐漸變成人們為了獨占個人勝利的利益而競爭。

嫉妒心理也許具備某種社會生物學的意義，它會對那些想要獨占利益的勝利者敲響警鐘，因為嫉妒心理的產生以及對某些事物的獨占，可以牽制勝利者進一步損害集體共同的利益。

嫉妒心若稍有過度，即使競爭對手的成功對組織或集體的發展有利，嫉妒心過度的人仍會把競爭對手的成功看作是對個人幸福的威脅。因此，人們很容易對同事或是競爭對手的成功產生強烈的嫉妒心理。

現在有愈來愈多人覺得，對手的成功就是自己的失敗。現實中，職場暴力不斷增加，受到排斥的不僅是競爭力低下的軟弱職員，不少人也會毫不避諱地對競爭力強的職員表現出自己的厭惡。在這種職場競爭的背後，也隱藏著支配欲弱的人內心深處扭曲的支配欲望吧。

支配欲「中毒」

大概十年前，一部德國電影《死亡實驗》成為當時熱議的話題。電影講述的是二十世紀七〇年代由史丹佛大學舉辦的一項集體心理實驗，電影是以史丹佛監獄實驗為材料改編而來的。心理學家將史丹佛大學的地下室改成監獄，然後在報紙上登出廣告，以高額報酬徵集二十名男性實驗對象。心理學家把他們分成兩組，一組扮作獄警，一組扮作犯人，實驗時間計畫是兩個星期。

電影裡，隨著實驗的進行，犯人和獄警之間的氣氛逐漸變得緊張，他們忘了自己正在做的是一個實驗，彼此產生了相當激烈的感情對峙。獄警為了忠於自己的職務，開始對犯人進行鎮壓，而另一方面，犯人在受盡屈辱、極度憤怒之下，也開始不斷進行無用的反擊，最後終於失去控制。

在真實的實驗中，獄警同樣為了讓犯人服從自己而不斷懲罰他們，把犯人關進倉庫裡禁閉，讓他們在水桶中大便等。因此，犯人和獄警之間產生了不信任感及被害妄想症，獄警對犯人的懲罰方式也不斷升級惡化。他們強迫犯人用手清洗馬桶，如果犯人不服從便對他們施以暴力。實驗導致一名犯人精神錯亂，另一名犯人也變得歇斯底里而退出實驗。最後由於律師的介入，實驗僅進行六天就被迫中止，據說當時獄警們反對中止實驗。

人們大多把這個實驗看成是一典型例子，證明社會角色能超越個人性格和感情，並支配個人行為。社會心理學把這種現象叫作「去個人化」：不僅扮演獄警的人在不知不覺中開始嚴格執行獄警的職務，就連扮演犯人的人也在不知不覺中做出犯人的舉動。

然而，從另一個角度來看，在把這兩個角色看成社會角色之前，也可以把這種關係看成支配者與被支配者之間的關係。

獄警漸漸沉迷於支配犯人的快感之中。而另一方面，與其說犯人受到自身社會角色的支配而做出犯人的舉動，倒不如說他們是被獄警要求那麼做的，在被迫服從的過程中，做出犯人應該有的舉動。

最後，從獄警的扮演者反對中止實驗可以推測出，對於扮演獄警的人來說，繼續實驗不僅會使他們獲得經濟上的利益，還會使他們獲得心理上的快感。

史丹佛監獄實驗也說明了人類本身具有一種強烈的想要支配他人的衝動，如果是在密閉空間裡，人類很容易失去控制。家庭暴力、虐待或暴力也證實了這個情況。支配的一方堅信自己的行為出於正當的「職務」，因此要求對方服從自己，若有抵抗則暴力相向。這種支配欲之所以會不斷持續下去，是因為透過暴力支配他人能使支配者獲得快感；只要不被公之於眾，支配者的所作所為就不會給自己帶來不利或痛苦等懲罰。

坐在權力寶座上的人都不想放棄自己的權力，也可以說他們是被權力所產生的、毒品般的報酬給深深吸引了。

有色眼鏡下的「問題兒童」

人的心裡潛藏著想要支配他人的欲望，在面對不服從支配的反抗者時，會萌生敵意及憤怒。特別是在日本，人們對於特立獨行的人總會特別敏感，也往往會把與其他孩子步調不一致的個別孩子當作「問題兒童」來對待。幾年前，就曾發生某個中學老師將一名女學生稱為「黑羊」註，而在社會上引起軒然大波的事件。

儘管「黑羊」的稱呼並不妥當，然而在當今社會，不管是在學校還是家裡，人們時常會把某些孩子看作問題兒童。甚至有些父母也會在不知不覺中，將自己的孩子劃分為「白羊」、「黑羊」，戴著有色眼鏡去看自己的孩子。

父母覺得對自己言聽計從的「白羊」可愛無比，一直反抗自己的「黑羊」則極為討厭。對自己的孩子尚且如此，那麼換成陌生人，恐怕這種偏見還會更加嚴重。人們總是在內心深處把不遵從自己意願的人看作麻煩，這應該是毋庸置疑的事實。

養育孩子，最重要的就是要克服「問題兒童」這個偏見，要做好自己不會受這偏見牽引的心理準備。

為什麼把孩子列為「問題兒童」是不恰當的呢？因為那樣不僅會傷害孩子，還會妨礙孩子改善「問題」。從把孩子列為「問題兒童」的那一刻開始，問題的解決就不再朝著好的方向發展，而會愈趨嚴重。

現實中，人們經常會把某些人稱為「難纏的顧客」、「怪獸家長」等，這樣的稱呼同樣只會使問題變得更加難以解決。如果把對方當作「問題兒童」、「難纏的顧客」或「怪獸家長」，那麼不管對方說什麼、做什麼，我們都會認為是不合理的。哪怕對方提出的是極其普通的要求，有戒心的人也會編造出各種理由來拒絕對方，完全不信任對方，並以防衛的姿態面對。這一切都是先入為主地把對方列為「黑羊」所導致的。

一味將孩子當作「問題兒童」來對待，也會大大扭曲一個人的判斷能力。

註：意為添麻煩的人。

支配欲強的人容易處於偏執分裂位置。因此，想要支配他人的人，會漸漸懷疑他人是否做過對自己有害的事情，使自己陷入妄想症的心理狀態中。大多數掌權者之所以有極強的猜疑心及嚴重的妄想症，也可以說是由這種心理壓力導致的。

第四章　你被反向心理所愚弄

你被反向心理所愚弄

李爾王的悲劇

《李爾王》是莎士比亞著名的悲劇之一。年邁的李爾王要把他的國土分配給三個女兒。分封的時候，他讓三個女兒分別說說對他的愛戴，然後根據她們對他的愛戴程度分配國土。大女兒和二女兒竭盡全力讚美和感謝李爾王，李爾王很是滿足。

可是，小女兒考狄利婭雖然真心把父親當作最重要的人，卻不想親口說出這樣的話。在聽了兩個姊姊對父親空洞的讚美之後，她更加不想像她們一樣。李爾王最寵愛小女兒考狄利婭，因此他對考狄利婭會說出怎樣的話來讚美自己充滿期待。然而，考狄利婭最後卻說：「我沒有什麼可說的。」李爾王大怒，不僅沒有分給考狄利婭一吋國土，還當場與她斷絕父女關係。

李爾王的國土最後被劃分成兩部分，分別成為大女兒、二女兒及女婿的領土。李爾王輪流住在兩個女兒的宮廷裡，可是得到領土的兩個女兒對李爾王愈來愈冷淡，最終他連去的地方都沒有了。李爾王終於意識到自己判斷錯誤時，一切都太晚了，李爾王絕望不已，整個國家也變得混亂不堪。

悲劇發生的根本原因，在於考狄利婭對姊姊們那種極其虛偽的奉承之詞極為反感，自己卻無法真實地用語言表達對父親的愛戴之情。兩個姊姊能若無其事地說出違心的話語，考狄利婭卻無法將自己的真心話說出口。而年老昏聵的李爾王，也只把他人從口中說出的話當作真實的想法。他無法分辨真心話和場面話，無法看清真心和言語具有兩面性這個事實。

從某種意義上可以說，李爾王和考狄利婭在無法理解以及好好處理人的兩面性方面極其相似。考狄利婭完全繼承了父親的這個特質，才會違背自己的意願，激發父親的憤怒，導致與父親決裂。

他們兩個都是性情耿直的人，卻也都極為固執要強，容易拘泥於片面的思想。他們無法接受事物的另一面，一旦確立自己的立場，就只會站在自己的立場上來考慮問題。有些事情看似對立，但其實只是語言技巧上的問題，並非事情的本質，他們卻無法將這點記在心裡，也無法從更高的角度來看待事態的發展，做出明智的選擇。

考狄利婭遵從自己的想法說出了自己想說的話，可是她卻無法洞悉自己的這個舉動會激怒李爾王，結果導致雙方的不幸。也就是，對她來說，比起維護雙方的長期利益和幸福，堅持自己那一瞬間的要強更為重要。

從這點來看，不撒謊、耿直誠實的性格很容易引起麻煩。這問題是由人的內心不具備兩面性的單純心理所導致的，如果說「單純」用在這裡不合適的話，那可以說是某種不成熟的心理吧。

人會同時持有兩種相反的心理

李爾王的悲劇並不特殊，類似情節每天都會以不同的形式在不同的地方發生：明明心裡對對方有好感，卻為難對方，有時甚至會攻擊或欺負對方。明明心裡想的是希望對方能來到自己身邊，好好對待他，卻說出「你不要來這，我不想見到你」等與心裡所想完全相反的話。被如此對待的另一方，又往往拘泥於表面上的話語，認為自己真的讓人討厭。其實，只要有一方能從更宏觀的視野冷靜看待，再採取行動，悲劇就不會發生；相反地，若是兩方都抱有相似的固執心理，就會再生誤解，導致悲劇發生。

導致這種悲劇產生的原因之一是，**人可以違背自己的想法做事，也就是具備欺騙的能力。而使問題變得更加複雜的，則是人會同時具有兩種相反的心理**。

在這個瞬間、這種情形下，自己深愛著對方，追求著對方，而在另一個瞬間、另一種情形下，自己卻討厭對方，拒絕對方。這就是人的內心。

人類同時具有兩種相反的心理，這個特性叫作矛盾性。這種矛盾心理使得人類行為愈來愈難以理解。當某人做出從常識來看讓人無法理解的行為時，其行為中所隱藏的，就是人類的矛盾心理。在了解人類的異常心理這方面，矛盾性不僅是關鍵的重要概念，而且對於認識稍微難以理解的人類正常心理也大有幫助。

當然，現實中也存在著矛盾性強的人，和矛盾性不太強的人。即使是同一個人，也會有表現出矛盾性強烈以及不強烈的時候。當遇到煩惱或者無法解決的問題時，人們就會陷入矛盾性強烈的心理狀態。之所以這麼說，也是因為大多數情況下，煩惱就是在進退兩難的矛盾心理中產生的。

是應該結婚呢，還是暫時先緩緩？人們所煩惱的，就是無法決定到底應該怎麼做。當兩種選擇都存在利和弊時，人們就會陷入進退兩難的矛盾心理中。

在無法做出選擇、不斷拖延做出判斷的同時，也為自己爭取了時間。拘泥於這樣進退兩難的矛盾心理，容易引起他人的不解。自己一邊表現出快樂生活的樣子，一邊臉上又浮現出不爽快的表情；一邊熱情地訴說著自己的夢想，一邊又說可能暫時不會去實現這個夢想。就這樣，因為方向一直難以確立，連身邊的人也備受折磨。

人經常會疑惑，自己的決定到底會帶來什麼後果，他人又會怎樣去理解，也不知道怎麼去理解他人對自己的感受，不知道他人到底是愛自己還是討厭自己。就這樣，在矛盾心理的驅使下，最後連自己都混亂了。

當無法判斷方向時，首先可以肯定的是，**自己的內心深處隱藏著進退兩難的矛盾心理。這是任何人都會產生的正常心理，同時也是各種異常心理的苗床。**為了好好處理人類所具有的進退兩難的矛盾心理，防止自己踏進異常心理的領域，我們有必要了解一下人類矛盾心理的特質及應對方法。

反向心理

矛盾性的特性之一，便是如果只是朝一個方向推動對方，並對其加以誘導或強迫，那麼事情往往會向相反的方向發展。

羅密歐與茱麗葉之所以如此堅守兩人的愛情並最終賠上兩人的性命，其原因便是他們的愛情是被禁止的。巴塔耶所主張的理論，「色情是由禁止而生的」，至少在某一方面是正確的。

「哦，羅密歐，羅密歐！為什麼你是羅密歐呢！」即使茱麗葉如此感嘆命運的不合理，她也從來沒有停止過追求與羅密歐之間的愛情。

當戀愛陷入低潮，有的人會因為別人的一句「你們不能相戀」而重新燃起戀愛的激情。作家杜斯妥也夫斯基的第二任妻子安娜．格里戈里耶夫娜，有天從速記學校的老師口中得知，有位作家想要找人幫忙完成自己的口述筆記。那位作家就是當時正走投無路的杜斯妥也夫斯基。由於與人簽訂了不平等的合約，如果無法在限期之內完成一篇長篇小說，他將失去所有的著作權。那時，安娜二十歲，杜斯妥也夫斯基四十五歲。

第一次見到杜斯妥也夫斯基時，安娜覺得他性情陰鬱，情緒焦躁不安，頓時感到幻想破滅，覺得自己不可能與這樣的人談戀愛。那時的杜斯妥也夫斯基不僅身負頑疾，還欠著很多的債，有一大家子人要養活。安娜在了解杜斯妥也夫斯基的窘境後，竭盡全力地幫助他，當然那種幫助終歸只是出於工作上所需，以及安娜對作家的尊敬。

看到安娜如此盡力幫助杜斯妥也夫斯基，已婚的姊姊便忠告她：「你可不能喜歡上那樣的男人啊。你們反正不能在一起，還是不要和這種病懨懨又負債累累的男人在一起生活。」

對於姊姊的話，安娜很是反感，本來她從來沒有考慮過這些，姊姊的提醒反而使她在心中不斷地自問自答。之後，安娜突然意識到自己的真實想法，從此萌生對杜斯妥也夫斯基的愛慕之情。

表面上擺出不能喜歡對方的樣子，最後反而真的喜歡上了對方。受到他人的反對或阻止，反而會加強自身的反叛心理，這樣的情況時有發生。特別容易發生在矛盾性強的人身上。

S女正在猶豫自己是不是該向F男表明自己的愛慕之意，可好朋友N女卻向她透露自己很喜歡F男。於是S女為了維持自己與朋友的關係，決定放棄表白。可是有一天，S女卻主動去誘惑F男。她從來都沒有那麼大膽過，最後兩人也確立了關係。S女的矛盾心理使得她從一直壓抑著的感情中萌生出反意，在她越過界線的那一瞬間，令人意想不到的事情就發生了。

這樣的矛盾性不僅止體現在戀愛上，在其他情況下也會出現。如果父母強迫孩子去實現自己的期待，即便當下孩子言聽計從，日後也必然起反作用。如果強迫不想上學的孩子去上學，孩子就會變得愈來愈不想上學，甚至還會對催促自己上學的父母暴力相向。

不去上班的上班族也是一樣。當事人的內心一直被兩種情緒糾纏著，一方面覺得自己必須去上班，另一方面又害怕去上班。如果別人一直強迫他去上班的話，他就會愈來愈害怕去上班。

妻子責備丈夫說：「你不要總是把所有事情都推給我做，家裡的事情也要多操點心。」這時，即使丈夫本來想好好幫助妻子料理家事，被妻子一責備下，就不想幫忙了。當丈夫同時抱有不幫忙是不對的，以及自己實在不想幫忙的心理時，如果妻子只是一味地責備丈夫不幫忙，那麼丈夫心裡那矛盾的天秤便會立刻向相反的方向傾斜。

如果總是不分青紅皂白地指出他人的問題，並要求他人改正，問題就會變得愈來愈嚴重。因為這是完全無視人類矛盾心理的做法。一旦雙方都固執己見，問題不但得不到解決，雙方的關係也容易惡化。

乖孩子常有「邪惡」的想像

如果無視內心的矛盾性，只拘泥於某方面的思想，也會產生令人意想不到的異常心理。

多慮的性格多發生在女性身上，她們會擔心自己是不是做了什麼過分的事情，是不是犯下了大錯等。在嚴肅認真地討論某一話題時，有些人的腦海中會突然浮現出一絲憂慮，擔心自己是不是說了什麼不慎重的話，因而陷入不安。

多數人經常會擔心自己誤傷到很小的孩子或者寵物之類的小動物。比如，他們會擔心這些小生命是否會從自己的懷中掉落下來，睡覺時是否會不小心壓到這些小生命，還會擔心刀具的把手會不會脫落、刺到小孩或寵物等。有些人的腦海中甚至會浮現出這樣的畫面：由於心情太過焦躁，而把小孩從窗戶扔了出去，或是把寵物重重地摔在牆壁上，甚至還會有其他更為殘酷的舉動。

一般人在腦海中出現這樣的畫面時，會驚覺「原來自己的內心深處竟然會有這樣的渴望」，而開始擔心自己有沒有真的做過那麼殘酷的事情。然而幸運的是，腦海中浮現過這些畫面或想法，並對此深感罪惡與不安的人，他們實際上都沒有那麼做過。而那些真正做過的人，即使他們的腦海中也有過同樣的想法或畫面，但不會感到罪惡或不安，甚至因而深感快樂且情緒高漲。

除了這種虐待和暴力的畫面外，有些人的腦海中還會浮現色情或褻瀆他人的畫面。在與他人認真交談的時候，腦海中會突然浮現出色情畫面，連他們自己也感到驚訝不已：原來自己內心深處竟藏有如此隱蔽的祕密。

現實中也經常發生這樣的事情，有些人會擔心自己是否內心深處真的隱藏著如此罪惡的願望，由於太過苦惱，他們不得不向他人言明，可是卻遭到他人的誤解。這是因為，對於這樣的想法或畫面，別說普通人了，就連專家也無法理解。

這種被下流粗俗畫面或褻瀆他人的想法侵入，因而不知所措的「症狀」，經常發生在與這些行為沒有任何關係的人身上。**愈是強烈地壓抑自己去想這些淫穢邪惡事情的人，反而愈容易受到這些畫面的折磨。**

諷刺的是，「這樣的想法是不好的」、「這些事情哪怕只是在心裡想想也是不好的」等思想一旦加劇，人們腦海中不安的想像反而會更加活躍。**愈是想排除一切罪惡或者不道德的思想，這樣的思想或畫面就愈強烈。這些都與人類心理的矛盾性息息相關。**

與其強迫自己不去想，不如順其自然

愈是告訴自己不要總往壞的方面去想，人就愈容易拘泥於壞的想法。這種情況不僅能套用在強迫觀念上，也會發生在一般的問題行為上，愈是受到阻止，事態就愈惡化。「強行排除」這樣的常見處理方式，從矛盾性的原理來看，只會使問題更為嚴重。

在面對矛盾性狀態的時候，基本方法就是不要偏袒某一方面的想法；更重要的是，要順其自然，接受這種狀態，並告訴自己「其實那樣也挺好的」。**不要總是將「邪惡」的想法視為異常，並想辦法排除這種想法，而是要把它當作多數人都會發生的極其普通的想法來對待。**不妨試著改變自己的思考角度，以肯定的態度，把這些想法看成是有其意義所在的。

只有減輕想要壓抑邪惡思想的念頭，腦海中才不容易出現罪惡的思想觀念，即使出現了，罪惡感也不會那麼強烈。

現實中也有一種相反的治療方法，叫作「反制約」，即要求患者嘗試一天去想十個最令自己不安的想法，透過強迫患者去執行那些邪惡的行為，來削弱患者想去那麼做的衝動。這樣的原理不僅適用於強迫觀念，也同樣適用於各種問題行為。強迫觀念和問題行為一樣，無論如何強迫自己消除這樣的思想，逼迫自己只往好的方向去做，都無濟於事，反而會有相反的作用。

因此，**重要的是不要強行把問題思想排除，接受問題才是解決問題的關鍵。不要單方面地袒護某一方面的思想，而要注意採取中立的立場，或者嘗試從相反的角度去思考問題。**

比如說，即使知道丈夫不怎麼幫助自己做家事，仍要從丈夫的角度去思考，告訴他：「你平時工作那麼忙，還經常幫我做家事，真的很感謝你。如果你能再多幫幫我，我就會非常開心了。」這樣一來，丈夫那邊的天秤就會自然而然地慢慢升上來，他也會心情愉快地幫助你做家事。

雖然知道自己必須去上班，卻愈來愈不想去上班，在這種矛盾性衝突更為強烈的情況下更應如此。如果只是想著自己必須去上班的話，那麼你就會愈來愈不想去上班。

為了不讓事態惡化，最好的方法就是持中立態度，告訴當事人「受折磨的是你自己，還是你自己決定的好」，讓當事人自己做出選擇。

何謂倔強、矯情？

現實中既有溫順的人，也有固執倔強的人。哪怕是同一個人，也既有溫順，也有固執己見的時候。

有些人即使清楚知道固執會給自己帶來損失，還是會去頂撞他人，堅持自己的主張，進而引起他人不必要的攻擊和責難，使自己陷入淒慘的境地。這些人，無論如何都無法向他人妥協，就連他們自己都不知道為什麼會如此衝動。

如果有人對他們說：「你必須那麼做。」他們更會持反抗情緒，說：「我才不會做呢。」他們就這樣一直與他人的要求背道而馳，進而激怒別人。即使有時候他們知道對方的要求在情理之中，他們也不會唯命是從。

溫順的心態，就是不僅為自己考慮，還會體諒並關照他人。從這一層意義上可以說，溫順是一種可以與他人共鳴的心態。與此相反，固執倔強的心態則是，與他人的情緒相比，更注重的是自己的心情，持這種心態的人是不會去體諒和關照他人的情緒的。

儘管只是暫時的固執倔強，這種心態卻會讓一個人與他人喪失共鳴。只固執於自己的情緒或想法，是一種固執己見的強烈心理狀態。很多人都會在與他人共鳴與固執己見這兩種狀態之間擺盪，而**多數異常心理的產生，都是由固執己見的心態造成的。**

很多人被固執己見的心態所折磨，因而走錯人生道路，或者引發無法挽回的事態。那麼這些人執著的到底是什麼呢？

丹麥哲學家齊克果在其著作《致死之病》中，描述過幾種層次的絕望，其中一種層次為「接受絕望的自己，在絕望中接受自身」。他們接受絕望的自己，甘願承擔這種苦痛，視絕望為最終真理，將自己置於永恆的絕望中。這樣的心理可以說是心理受過傷害的人堅持停留在自己受過傷的狀態，並且拒絕恢復的心理。即使明白保持這種心態只會給自己帶來不利，他們仍希望能在自己的固執中，靠著「信心的一躍」重獲希望。

這種心態與之前講的固執地否定自己，試圖將自我否定轉變為自我肯定的心態是同一種策略。可以說，自我否定就是一種自我目的化的行為。固執的根源在於嚴重的自我否定意識，自我否定的人正是透過絕對自我主義的傲慢來進行自我彌補。固執己見的人陷入一種失衡的狀態之中，他們一方面不相信任何人，另一方面又是極端的自戀主義者。性格倔強的人會同時處於「偏執分裂位置」與「病態性的自戀」，原因也在此。

這種無法切換的心理狀態，用近幾年的大腦功能水準來解釋，就是前額葉支配能力減弱，無法完全控制由小腦扁桃體等激發的消極情緒（原文註：Salzman and Fusi, 2010）。前額葉的支配能力愈弱，由小腦扁桃體等激發的消極情緒就愈強烈，人也愈容易陷入固執己見的狀態，很難變得溫順。

也就是說，固執己見的心態，是一種腦部無法良好發揮機能的狀態。這樣的狀態絕不是高尚的，而是一種低級的狀態。固執己見的自己，可以說是對更低級的「本能的自己」的自我愛戀。拘泥於固執的狀態，也就意味著是被不成熟的自戀所折磨。

那麼，人為什麼會陷入這樣不成熟的自我愛戀呢？為什麼會有人容易陷入這樣的狀態呢？據最新研究，這兩個問題的答案之一，便是幼年時期與父母之間有著不穩定的依戀關係，以及內心受到傷害，導致前額葉的支配功能受到損害（原文註：Van Harmelen et al., 2010）。

就愛唱反調

有一種人的行為與固執倔強關係密切，他們總愛與他人唱反調，故意做出與別人期待相反的行為。

任何人都會有心情不順的時候，這時，人們不會像平時那樣能考慮到別人的心情，有時會故意做出違背他人言行想法的事情來。

另外，**我們經常可以在性情固執的人身上發現，他們的典型特徵就是說或做出違背自己真心的事情**，例如明明愛著某個人，卻偏要貶低對方、嘲笑對方。當別人說：「這不是你一直想要的東西嗎？」明明對方說的是對的，他們依然會否認：「我才不會想要那樣的東西呢。」明明想要接受對方的好意，想要對方體貼自己，結果卻做出責備、為難對方的行為。

這樣的反應會發生在任何人身上，而之所以做出這樣的反應，是因為我們感覺到對方並不是真的喜歡自己，所以不想去溫順地對待對方。當然，**對於在沒有夠多的愛的環境中長大、患有重度依戀障礙的人來說，他們更容易做出這樣的反應。他們想要追求對方的愛，卻無法真實地表現出來，反而用為難對方的方式表現自己。**

這樣的心理，與下面這幾種因素息息相關。

一是**具有這種心理的人，都想在心理上占據優勢**。當不確定是否被對方所愛時，如果主動去追求對方，順從對方的期待先表明自己的心意，就意味著承認對方是處於優勢的，而這是具有固執心理的人所不能接受的。

他們特別在意心理上的優勢地位，認為真實地吐露內心想法等於把自己的弱點呈現給對方，會使自己處於極度危險的境地。與坦率地去求愛相比，堅持攻擊對方、徹底表現出毫不在意的態度，更容易使他們保持心理優勢；尤其當感覺到對方並不愛自己時，就更要那麼做。

另外一個因素是，有些人會擔心：**如果自己主動求愛，會不會遭到對方拒絕呢？對方以後會不會背叛自己呢？這種疑神疑鬼的心理，讓人產生必須先下手為強的想法。**因為知道自己並沒有被對方所愛的價值，反正對方討厭自己、不愛自己，不如自己先表現出討厭對方的態度。

如果抱有這種先下手為強的心理，即使對方本來是愛著自己的，也會因為這些行為而疏遠、拋棄自己。如果我們問當事人如何看待這樣的發展結果，他們會倒果為因，說即使對方本來是愛自己的，最終還是會拋棄自己，所以他們對對方做出那些問題行為是有先見之明的。多數異常心理的產生，都是創傷再體驗的同時，因患者將事態的因果倒置對待而導致的。

第三個因素是，**由自己不被對方所愛，或是對方不能明白自己的心意等焦躁情緒產生的憤怒或攻擊性情緒。**這種情緒使自己無法做出能與對方有所共鳴的行為，無法冷靜地思考當時的狀況以及對方的想法，並且就在這種情緒迸發的瞬間，自己也完全被那顆受傷的心所支配，進而做出違背對方希望的行為。正是知道對方希望的是什麼，所以故意和對方唱反調。

以上三種主要因素互相作用，誘發人們做出「唱反調」的行為。如果對方心理成熟，即使受到「唱反調」似的對待，也能立刻明白那並不是真心本意；而如果對方心理也不成熟，就會被表面上的言語和行為嚇倒，並為此愕然，多數時候甚至會因憤怒而採取拒絕和強硬的態度。這樣一來，雙方都會受到傷害。若是雙方都不退讓，關係將會更為緊張，最終導致關係破裂。

不聽話的孩子

這種愛唱反調的行為最初一般都表現在兒童階段。這個時期的孩子最容易進入叛逆階段，雖然叛逆的程度有所不同，但是一般小孩子都會出現叛逆傾向。他們會故意和大人唱反調，對於大人說的話一定會說「不」。

有相當一部分孩子，他們的叛逆傾向格外強烈，而且持續時間也比較長。雖然不能把這種傾向看作一種異常行為，但是對父母來說，撫養這麼不聽話的孩子還是會很辛苦。

這種不順從的傾向，與幼兒和母親的不穩定型依戀關係有關。不穩定型依戀關係主要包括**矛盾型**、**逃避型**、**混亂型**等幾個類型。依戀的類型雖然有一部分是由個人性情等天生要素所決定，但很大一部分是由幼兒與母親之間的關係所決定的。

矛盾型孩子：明明很想和母親親近，卻不會誠實地表現出來，他們的內心極其矛盾，既想跑到母親身邊撒嬌，又想拒母親於千里之外。這種依戀類型的形成，往往是因為母親總是按照自己的心情來決定要親近孩子還是拒絕孩子，或者是因為母親過分溺愛孩子，過於要求孩子去做自己心目中的「好孩子」，從而神經質似的束縛孩子的行為。因此，這類母親的牽掛和關心，其出發點與其說是以孩子為中心，倒不如說是以母親自己為中心。

逃避型孩子：完全不想親近母親，也不期待得到母親的關心。這種依戀類型多發生在一直被母親忽視的孩子身上，有時也會發生在一直受母親管教而得不到母親足夠的牽掛的孩子身上。常年不是被母親照顧，而是在祖父母的照顧下長大的孩子，也會對母親表現出逃避型依戀。孩子與母親的逃避型依戀關係，可以說是母親對孩子關心不足導致的。

混亂型孩子：常常做出一些雜亂無章的行為，同時具有矛盾型和逃避型的特點，主要表現在經常遭受虐待的孩子身上。這樣的孩子對母親察言觀色，很想與母親親近卻總感到害怕，有時也會完全不搭理母親。母親的關心和牽掛既不穩定，又充滿攻擊性和侵害性，因此這種類型的孩子會有強烈的不安全感。

與母親有不穩定型依戀關係的孩子，其共同問題是固執倔強，缺乏溫順耿直的秉性，而且會故意激怒對方。不幸的是，面對這樣固執不聽話的孩子，父母經常發怒生氣，覺得「這是什麼倔強的孩子啊」、「為什麼就不能乖乖聽話呢」，為了糾正孩子固執的壞脾氣，他們經常嚴厲喝斥孩子，有時甚至會毆打孩子。但**歸根結柢，孩子固執不溫順的傾向，完全是大人對他們愛護不足或是強加管制造成的。**

如果大人只是一味地訓斥和責打孩子，不但糾正不了孩子的固執，反而會讓孩子的固執愈來愈嚴重，並往與溫順老實相反的性格方向發展。

在這個階段，孩子的這種傾向還不能說是異常心理，然而，隨著時間的推移，這種傾向會逐漸變得極端，幾十年後，孩子有可能會在反社會的行為當中感受自己的價值所在，從而演變成真正的異常心理。

這種傾向最顯著地發生在沒有得到過父母足夠的愛護、經常遭受虐待或是被父母遺棄的孩子身上。很早以前我們就認為，父母的愛護不足很容易導致孩子養成乖僻的性格，而一旦養成，孩子便很容易產生反向心理。

那麼，為什麼孩子得不到足夠的愛，會很容易產生不溫順的反向心理呢？

如果孩子主動要求父母的愛，父母便會對孩子倍加愛護的話，孩子就會安心地去要求。也就是說，孩子便會老實溫順地親近父母。但是，如果孩子主動親近父母，父母依然對孩子不管不顧，甚至嚴厲訓斥，孩子就會覺得自己去親近父母不但毫無意義，而且還很危險。

如果孩子經常遇到去親近父母卻被父母責難的情況，孩子就會壓制自己的真心，並做出完全違背自己真心的行為。這時，孩子的內心和行為就不是真實地結合在一起，而是相互矛盾的。這也是反向心理產生的起源。

透過近幾年對大腦功能的研究，我們發現，對小時候受過傷害的人來說，過去的一切經歷都是消極的，他們與消極情緒相關的扁桃體容易變得非常活躍。當然，即使有過受傷的經歷，隨著之後的經歷與成長，有些人會慢慢將過去的一切不足彌補回來，這時大腦又會重新受到前額葉的支配。

只不過，有些人在疲勞和壓力狀態下，即前額葉的支配能力減弱的時候，會無法完全控制由刻在小腦扁桃體裡的過去的痛苦經歷而產生的消極情緒，而容易瞬間爆發自己的情緒，對他人產生無法想像的攻擊性。

反向心理容易導致「嗜虐性」和「解離症」

反向心理也是異常心理的入口之一。**違背對方期待和願望的行為一旦加重，就會踏入異常心理的領域。**

嗜虐性及性虐待等都是透過給他人施加痛苦來獲得快感，而愛唱反調的行為也會使對方不知所措，因此從這層意義上，可以看出愛唱反調的行為也是嗜虐性的萌芽所在。

虐待動物以及喜歡看殘暴場面的行為，經常發生在受虐待、具有依戀障礙的孩子身上。只不過，對於具有比虐待更嚴重的依戀障礙的人來說，他們大多會對自身表現出極端的自我否定，從而做出傷害自己的行為。因為與傷害他人相比，將傷害的矛頭指向自己更為容易。

這樣的嚴重自我否定，會在不知不覺中促使一個人做出自殘行為，而這種自我否定也解釋了從常識看來難以理解的一種異常心理，即為何有人會如此輕視自己。

此外，矛盾性和反向心理也與另一種異常心理的形成相關，那就是我們在下一章即將闡述的解離症。患有解離症的人會在不知不覺中失去對自身人格的控制，從而使自身分離出另一種人格。

第五章　身體裡的另一個你

身體裡的另一個你

脫離自身的另一個自己

解離是近幾年常見的一種異常心理。解離是指人的記憶或意識、人格出現不連貫的現象，常見的有失憶、多重人格等。失憶的正式稱呼為解離性失憶，指的是人暫時喪失某一段時間的記憶。

我們把喪失人生所有的記憶叫作「全生活史健忘症」（Generalized Amnesia）。這樣的患者雖然會喪失對姓名、職業或者與家人相關的個人記憶，卻並不會喪失對事物名稱、語言等一般性知識，以及穿衣方式、如何開車等動作方面的記憶。而雖說會喪失個人記憶，但是嚴格說來，在人的一般性記憶中，不同種類的個人記憶錯綜複雜，已經深深滲透在人的內心當中，所以一個人也不可能那麼隨便地只忘記個人的相關記憶。

解離性失憶的特徵在於，患者會選擇性地忘記自己不想回憶起來的事情，以避免直面殘酷的事實，保護自己。

當解離發生，患者不僅會經常忘記那個時段的記憶，還經常發生意識或者人格不連貫的現象。也就是說，患者會做出平時自己都想像不到的行為。

一九九三年六月的某個夜晚，維吉尼亞州馬納薩斯的一名男子在聚會上喝完酒後，醉醺醺地回到家中，妻子正等待著他。喝醉的男子強行與妻子發生性關係，之後妻子洛倫娜起身去廚房喝水，當她的目光落在廚房流理台上的菜刀，腦海中突然浮現出一直以來被丈夫欺負的畫面。於是，洛倫娜拿起刀子，慢慢地向一絲不掛、止在熟睡的丈夫靠近，然後朝丈夫的陰莖砍去。丈夫的陰莖正好被從中間切成兩段。

之後，洛倫娜將鮮血淋漓的丈夫留在家中，自己拿著切斷的陰莖跑了出去。她一邊開車，一邊將手中丈夫的半截陰莖從車窗扔了出去。接著，洛倫娜突然恢復意識，立刻把車子停下來並打電話給救護車。幸運的是，經過一夜拚命的搜尋，被扔掉的陰莖終於被找到並送到醫院。在醫生對其丈夫進行近十個小時的手術後，切斷的陰莖終於被重新縫合上了。

在之後的搜查及審判過程中，結婚四年間，洛倫娜的丈夫在性愛上、身體上及精神上對洛倫娜的反覆虐待行為也浮出水面。他甚至曾強行讓妻子墮胎。審判中，洛倫娜一直聲稱從切斷丈夫陰莖到叫救護車的這段時間，所有記憶她都想不起來了。

最後法院判決，洛倫娜犯罪時正處於伴有創傷後壓力症候群的精神衰弱狀態中，所以罪責不予追究。也就是說，洛倫娜被認定在實施犯罪時處於解離狀態。後來，洛倫娜的精神恢復正常，並成立了一個組織來幫助家庭暴力中的受害者。

從惡魔附身到癔症

最開始時，解離現象被認為是一種靈魂附身的狀態。

十八世紀後半期曾有記載說，驅魔師約翰·約瑟夫·加斯納（Johann Joseph Gassner）成功治癒因痙攣反覆發作而被困在修道院的兩位修女。當時，解離狀態被理解為惡魔附身。

第一個研究解離現象的醫生，是曾在維也納大學主修醫學的安東·梅斯莫。當時，梅斯莫在內科醫學方面取得了巨大成功，是維也納的一位名士。梅斯莫四十歲時治癒了一名二十七歲的女性患者，該患者一直深受歇斯底里症的折磨。梅斯莫讓女孩喝下溶有鐵質的液體，並在她全身上下綁上磁石，之後女孩的症狀就完全消失了。

然而，治療成功並非因為磁石本身的效果，而在於梅斯莫的堅定信念給患者產生的暗示。之後，梅斯莫放棄磁石，只透過輕輕移動自己的手來自由地控制患者。這就是「催眠術」（當時稱為動物磁性）的誕生。

不論是在維也納還是巴黎，最初梅斯莫都取得了驚人的成功，可是不久他便受到了醫學界的攻擊，人們對梅斯莫的評價也開始直線下降。

第一位多重人格患者的出現，正是在梅斯莫沒落、催眠術退出社會舞台之後不久的十八世紀末期。然後到了十九世紀，精神疾病患者如今日一樣開始猛增，解離症患者人數也增長迅速。

在這期間，即在梅斯莫之後大概一個世紀，法國人沙可（Jean-Martin Charcot）開始活躍在社會舞台上。沙可將梅斯莫的動物磁性重新以催眠治療的方式運用起來，並在醫學上取得了顯著成效。他將心因性的痲痺和失憶稱為癔症，將其與器質性病變明確區分開來。

沙可憑藉出色的技術，在精神病診斷及治療上取得了巨大的成功，成為當時歐洲醫學界的超級巨星。然而，對於解離現象究竟是以一種什麼樣的心理學體系產生的，身為神經科醫生的沙可卻幾乎沒有任何興趣。

「心理分析」的誕生

繼沙可之後，不僅將解離現象的心理學體系明瞭化，而且在治療方面也取得成功的是賈內（Pierre Janet）。賈內最初攻讀的是哲學，成為教授之後才開始轉修心理學，進而成為一名精神科醫生。

賈內確立解離現象的心理學理論及方法有一個很重要契機。他在勒阿弗爾的精神病院研修時，有位叫瑪麗的十九歲女孩被帶進了精神病院，並被診斷為重症精神病患者，且不可能恢復正常。

瑪麗的症狀是一到生理期就會出現痙攣和意識混亂，有時還會恐懼纏身，大聲呼叫「血」。當病情發作到頂點時，她還會出現吐血的症狀。每當生理期結束，瑪麗的症狀便會消失，而她對於那段時間的記憶也完全喪失，之後又出現感覺麻痺及手臂肌肉萎縮的症狀，左眼也會失明。當生理期再次來臨時，這些症狀便重新發作。

面對如此困難的病症，天才賈內卻在沒有使用任何藥物的情況下，奇蹟般地讓瑪麗恢復正常。

首先，賈內試圖了解瑪麗的症狀是在什麼情況下第一次出現，但無論賈內怎麼詢問瑪麗，瑪麗都說不記得、想不起來了。於是賈內對瑪麗使用了當時的醫學治療方法——催眠，接著又問了瑪麗同樣的問題。

催眠狀態中的瑪麗描述了她第一次來月經時的恐慌，及之後發生的事。原來瑪麗一直覺得生理期是很可恥的事情，於是向人打聽不來月經的方法，就是將身體浸在裝滿冷水的桶子裡。嘗試這個方法後，瑪麗渾身打冷顫，意識很快便混亂了。而這個極端的方法竟然奏效了，瑪麗的生理期果真停止，之後的五年時間裡都沒有再來。

然而，瑪麗十八歲的某一天，生理期再次到來，而且開始反覆出現前面講述的症狀。賈內分析，瑪麗的症狀是她初潮來臨時心理混亂狀態的再現，因為瑪麗無法擺脫這種心理，所以才導致她身上出現這種令人無法理解的症狀。

一直折磨著瑪麗內心的，正是她對於生理期的羞恥及抵抗心理，而且對於用洗冷水浴來阻止生理期的行為，瑪麗一直覺得自己做了什麼無法彌補的事情。賈內用催眠術幫助瑪麗在催眠狀態中把這些想法抹掉了。

賈內的這種治療方法立刻發揮成效，瑪麗在接下來的一次生理期中完全沒有出現意識混亂的情況。可是賈內並沒有就此滿足，他決定讓瑪麗完全恢復正常，於是繼續探尋瑪麗身上的其他症狀。

結果，賈內發現，瑪麗之所以一見到血就感到恐懼，是因為血會讓她聯想起之前發生的一件慘事：瑪麗十六歲時，曾目睹一位老婆婆從台階上跳下來自殺身亡，當時她受到了很大的打擊。

於是，賈內同樣用催眠的方法，在瑪麗進入催眠狀態後，暗示她說其實那位老婆婆後來得救了，並沒有死。就這樣，瑪麗的恐懼症也消除了。接著賈內又試圖查出瑪麗左眼失明的原因，可是這次比前兩次更加困難，因為事情發生在很久以前，當時瑪麗還是個孩子。

賈內透過催眠將瑪麗帶回她五歲的時候，瑪麗的左眼在那時還是正常的。一定是之後發生了什麼事情。終於，瑪麗的腦海中浮現出她六歲時發生的事。那時瑪麗迫不得已與一個左臉長滿膿包的女孩睡在同一張床上，奇怪的是，之後瑪麗的左臉也長了膿包。了解情況後，賈內暗示瑪麗，其實那個女孩從一開始臉上就沒有膿包。就這樣，瑪麗左眼的視力也終於恢復正常。

賈內還成功治癒了很多疑難雜症，他不僅擁有豐富的學識，而且名聲響徹歐洲。賈內把他的這種治療方法稱為「心理分析」，這個我們今天並不陌生的說法，首先正是由賈內提出的。

兩種強迫觀念：「固執觀念」和「固著」

賈內還提出了一個有名的理論：人類行為都是由「潛意識的固執觀念」所左右。「固執觀念」這個詞現在也是我們的日常用語了，而首先提出這說法的也是賈內。

「固執觀念」，換言之，也可以說是一種「強迫觀念」。

所謂潛意識的固執觀念，就是指自己在不自覺中被一種無意識所強迫。賈內認為，人們會從曾經的心靈創傷及受過的打擊中，萌生出潛意識的固執觀念，然後在不知不覺中讓自己的行為被這種觀念支配。有時這種觀念也會誘導自己做出令人無法理解的行為。

佛洛伊德則進一步提出「固著」的概念。

固著是一旦人們在某一發展階段受到某種心靈創傷，這部分心理力量就會停留在這個階段而得不到釋放的現象。也就是說，固執觀念是一種強迫性思考的心理學概念，固著則是一種具備時間性的發展性概念。

佛洛伊德認為，如果孩子在幼兒期受到心靈創傷，他會在口腔期（從出生到兩歲左右）這個最原始的階段固著，產生口腔性格。擁有這種性格的人容易受自身心情的快與不快所支配。如果孩子在訓練上廁所的肛門期（約兩歲到四歲）受到創傷，他就容易對這個發展階段產生固著，這種類型的人一般整潔、小氣、做事有條理。

佛洛伊德提出的這個一流泛型理論，使得人們能夠在更小的範圍內理解他所提出的各種概念，而如果把性理論的部分去除，可以說，用固著的概念來解釋人們拘泥於某一不滿足時期的狀態確實非常恰當。

另一方面，賈內的固執觀念在百年之後的今天仍然意義非凡。如果「人們一旦遭受過某種強烈的刺激，就會拘泥於由此產生的固執觀念」這說法正確的話，那麼我們也可以說，如果刺激是在小時候出現，並由此給自己的幼年帶來極強的不滿足感，人們就會停留在這階段而無法將自身釋放出來。

心靈的創傷會萌生束縛人們潛意識的固執觀念，而如果創傷發生在幼年，就會產生對那個發展階段的固著。兩種都可以說是強迫觀念的表現形式。

因此，想擺脫強迫觀念，將自己從固執觀念中解放出來，就要從對幼年時期的固著中解脫出來，重新邁上成熟階段的發展道路。

人有情結，情結也擁有我們

賈內的固執觀念理論被佛洛伊德及榮格所繼承，並得以進一步發展。榮格用「情結」一詞代替了賈內的「潛意識的固執觀念」。如今，「情結」一詞已被作為日常用語來使用了，但最初榮格所使用的說法是「情感的群集」，之後才逐漸發展為「情結」一詞。

正如榮格最初使用的說法，這個用語原本表達的是觀念與感情相結合的意思。榮格最早提到情結的存在，是在進行詞語聯想測驗時。實驗中，受試者會一個接一個聽到一組詞語，接著要對每個詞語給出一個聯想回答。

榮格發現，受試者對刺激詞的反應，要麼是不能立刻回答，要麼是回答出奇怪的聯想詞語。如果再次詢問受試者所聯想到的詞語，有些人竟然完全不記得自己之前的答案。

透過進一步詢問受試者在看到刺激詞時聯想到的是什麼，榮格發現，**受試者在回答聯想答案時，心中總會出現某些自己一直在意或是心存芥蒂的事情。**當然，其中也不乏愛、喜歡之類的積極的事，但更多的是與心理創傷引起的消極情感有關。而且，受試者不是沒有意識到這一點，就是經常忘記這一點。

也就是說，**當刺激詞與受試者心中一些不愉快的事物聯繫時，受試者的行為及思考方**

式會發生很強烈的變化，而情結也可以說是一種伴有消極情緒的無意識的強迫觀念。

無論如何，**情結是一種記憶和情感的群集，獨立於意識的中心控制，並且情結的產生與早年的創傷經驗息息相關。**而情結之所以無法受意識中心的控制，一方面是因為要做到這點很困難，另一方面是在大多數情況下，這也與人們經歷過的某種外傷體驗有關。

每個人心中都有某種強迫觀念，並在不知不覺中受到強迫觀念的支配和操縱。麻煩的是，大多數時候，當事人都不能察覺到這一點，而一直在無意識中被強迫觀念所支配。

強迫觀念可以造成各式各樣的異常心理。東電ＯＬ殺人事件中的被害女性、岸田秀及甘地等人，他們內心都存在著某種強迫觀念，而無論本人有沒有意識到，他們都被自身的強迫觀念給強烈支配，從而迫使自己做出在他人看來難以理解的行為。

無意識現出原形

通常，情結只是人的內心主體上類似一個小結塊的細微事物，表面上根本看不出它的存在，它只在人意識不到的地方影響這個人。但是有時候，情結也會跑到前面來，代替人的主要人格，這種現象稱為人格解離。

需要注意的是，解離也有很多不同的階段。一般常說的多重人格，指的是解離性身分障礙症（ＤＩＤ，Dissociative Identity Disorder），而診斷某人患有ＤＩＤ的重要依據是，患者會出現不同人格交替轉換的症狀，當患者處於一種人格狀態時，本人完全無法意識到自己身上還存在另一種不同的人格。

確實，現實中被診斷為ＤＩＤ的機率很低，但在發展為ＤＩＤ之前，處於中間階段的情況卻出人意料地在我們每個人身邊時有發生。人們經常會覺得多重人格或解離現象是與自己完全不相關的精神症狀，但其實不少人平時會出現下面的狀況：某天要參加一個非常棘手的會議，剛要出發去公司時，突然感到頭痛或胃痛；一旦面臨可怕的事情就嚇得立刻癱瘓，或者返老還童般做出小孩子似的舉動等。此外，容易受催眠術或者念經祈福誘導的人，一旦進入恍惚狀態，說起話來就像完全變了個人，或者發出如猛獸般的尖叫聲。

以上這些症狀都與解離相關，當這些症狀出現時，人們的自律神經或者運動神經的支配力會減弱，緊接著便會逐漸失去對記憶、意識以及人格的支配能力。

最常出現在人們身上的，便是**體化症**及**轉化症**，這兩者都是人將自身無法察覺到的內心想法，透過身體狀態的變化表現出來。體化症在自律神經無法順利調節時出現，其典型症狀表現為：頭痛、頭暈、胃痛、心悸、過度換氣等。與此相對的，轉化症是在人的運動神經及知覺神經的支配力暫時受到破壞時出現，因此其典型症狀表現為：無法站立、無法行走、無法出聲、暈倒、痙攣等。

從自身經歷中學習「心病」的榮格

卡爾·榮格後來成為一名極具魅力且頗富才華的臨床醫師，但小時候的他卻是個稍顯怪異的孩子。

榮格小時候不喜歡和其他孩子一起玩耍，經常會突然惡作劇，或是將幻想中的事情與現實混在一起。換成是在今天，榮格可能會被診斷為發展障礙兒童吧。但即便榮格的性格如此怪異，由於其父親是當地牧師，榮格上小學時還是在某種程度上受到了一些特殊的待遇，直到榮格十歲開始升上巴塞爾城裡的中學，他的周圍全是家庭更為富裕並且社會地位也非常高的孩子。

那時的榮格每天穿著有破洞的鞋子去上學，這讓他深切地感受到自己的家庭是多麼貧苦。榮格除了在家庭方面在旁人面前感覺膽怯以外，在學業上也屢屢受挫。他不僅在繪畫課及體育課上表現差勁，對數學也一竅不通。

中學的老師都把榮格當作放牛班的學生來對待，榮格的自尊心所剩無幾。他甚至開始討厭去上學。這時，發生在榮格身上的巨大危機開始了。

十二歲那年，有次榮格被同學撞倒在地，頭部受到撞擊，失去了意識。一瞬間，他腦中閃過「以後都不用去上學」的念頭。之後，榮格多次出現失去意識而昏厥的情況。而且，每次都發生在面對難纏的功課時。

榮格少年時表現出來的這種症狀，便是沙可所謂的「癔症」，如今所說的「轉化症」。轉化症不僅透過引起身體的某些症狀來表現心理上的壓力，而且還會使人獲得某種「病患利益」。榮格少年時，他的父母就因為他的這個症狀而讓他休學半年。

休學期間，榮格喜歡一個人玩遊戲、讀書、畫畫，或者沉迷於自己的遐想之中。可是這並未使榮格愉快，他有著一種無名的感覺，覺得自己是從自我中逃脫開來。診斷過榮格病症的醫生們都說他可能是患了癲癇，而在當時的醫學界看來，這是一種完全沒有根治可能的病症。榮格的父母因此感到非常悲觀，並為兒子的將來憂心不已。有天，榮格的父親向訪客吐露自己的心事，正好被榮格聽見：「如果真像醫生所說，孩子是得了那種病的話，那麼以後孩子恐怕就不能獨立生活了吧？」

聽到這句話時，榮格的心中再次閃現一個想法。我們可以透過榮格在其自傳中所記錄的內容來了解他的內心感受。

「我像是被雷劈到了一樣。事實完全不是那樣的。『我必須用功了』這樣的想法立刻閃現在我的腦海中。

「從那之後，我變得愈來愈認真。我靜靜地離開那裡，走進父親的書房，拿出自己的拉丁文法書開始全身心地投入學習。十分鐘後，昏厥發作了。我幾乎從椅子上跌落下來。沒過多久我又恢復了神志，繼續學習。我告訴自己：『該死！我怎麼能昏過去呢？』然後繼續學習。大概十五分鐘後，第二次發作開始了，和第一次一樣沒過多久便好了。『現在我必須真的用功。』我使勁給自己加油。然後又過了半個小時，第三次發作襲來。但我沒有屈服，又堅持讀了半個小時。最後，我覺得自己終於戰勝了病症，而且心情也比前幾個月更舒暢。事實上，之後病症再也沒有發作過。那天以後，我每天學習語法，做練習題。幾個星期之後我回到了學校。在學校，病症再也沒有出現過。我身上的魔法終於被解除了。」——《榮格自傳》

榮格從自身經歷中了解到心病是如何發生的，以及怎麼做才能克服它。你不是為了他人而活，要捫心自問：「自己這樣下去可以嗎？」要靠自己的意志，為了自己而活，這才是克服心病、恢復正常狀態的方法。

擁有雙重人格的榮格

其實，少年時的榮格並沒有完全克服所有的困難。雖然他開始積極努力地學習，但成效不是輕易就能得到的，想要改變身邊人們的看法需要花很長時間。有次，老師指責榮格辛苦寫出來的作文是「剽竊別人的東西」，其他同學也都認為榮格作風不正。這一切深深地傷害了榮格。想讓別人真正認可自己的實力，榮格需要再多努力幾年。

在這種狀況下，支撐榮格堅持下去的絕不是一般的東西。當然，榮格大可再次躲進自己的心病之中，這應該會容易得多。可是榮格不允許自己那麼做，榮格的這種強迫心理在某種意義上也引發了他更為嚴重的病症。

榮格在自傳中這樣剖析，他在十二歲時，就已經擁有雙重人格。他把這兩種人格以No. 1和No. 2來區分。榮格最初發現自己擁有雙重人格時，No. 1人格是與榮格同齡的沒有自信心的十二歲中學生人格，而No. 2人格則相當於一位百歲老人，擁有高高在上的社會地位，判斷事物極度冷靜沉著，舉止穩重得當。

就像之前所說的一樣，榮格第二人格的出現，是在他陷於極度痛苦境地的時候。不僅學業上無法取得優秀的成績，還備受同學孤立、老師否定，在這樣的環境下，榮格漸漸失去了自信。而且他患有預後不良的疾病，長期休學，往後的人生也岌岌可危。

那時，榮格在琉森湖畔的親戚家裡過暑假。榮格從小就喜歡惡作劇，行事又極為輕率魯莽，即使到了十二歲，也經常會做出冒失的舉動。那天，儘管大人已經警告過他不要做危險的事情，榮格依然只用一支船槳，乘著一艘貢多拉似的小船就朝湖裡駛去。當壞事敗露，榮格被親戚家的主人狠狠地教訓一頓。因為主人教訓得理，榮格也只有垂頭喪氣地聽著，可如此被侮辱，榮格內心也很憤怒。就是在這一瞬間，榮格清清楚楚地感覺到，當時憤怒的自己與那個一直戰戰兢兢、沒有自信心的十二歲中學生相比，完全是另一個人。

「那時的我，不僅已經長大，而且是一個有職位有尊嚴的人，是一位老人，是一個須受尊重和敬畏的對象。」——《榮格自傳：回憶．夢．省思》

於是，少年榮格的腦海裡出現了這樣的想法。

「我想到我實際上是兩個不同的人。其中一人是個學生，他領會不了代數學，對自己完全沒有信心；另一人則重要，是種高級權威，一個不可小覷的人，就像個製造商一樣有勢力、有影響力。這『另一個』是位生活在十八世紀的老人，他穿著帶有扣環的鞋，戴著白假髮，駕著輛帶有高高的凹面後輪、在彈簧和皮繩上吊有大箱子的輕便旅行馬車兜風。」

——《榮格自傳：回憶．夢．省思》

就是在那瞬間，少年榮格心中清清楚楚地出現了幻想中的「第二人格」。這個人格並不只是一種單純的幻想，它確實存在榮格的人格中。少年榮格深深地陷在「我同時生活在兩個不同的年齡層中，而且這兩個人完全不同」的想法中，並為此痛苦不已。

「我覺得自己一方面年紀太小，另一方面又害怕使用『第二人格』給了我以啟示的這種權力。」——《榮格自傳：回憶．夢．省思》

即使是在榮格成為醫學院的學生，以及後來成為精神科醫生之後，第二個人格也一直留在他的心中。這一人格可以說是榮格所描述的「老智者」的原型，而從今天一般性的理解方式來看，倒不如說是一種補償性的人格解離。

從無能為力且深感自卑的中學生人格中體驗到巨大的屈辱後，為了彌補自己的劣勢，榮格的內心產生了一種願望，他希望擁有至高的地位和權威力量，希望自己是一個不畏懼任何事物的大男子漢，而正是這個願望，導致了榮格另一種人格的誕生。

榮格自己並不承認這一關聯，這可能與一直圍繞榮格一家的傳說有關。榮格的祖父和榮格同名，也叫卡爾・古斯塔夫・榮格，有傳言說榮格身為教授的祖父是大文豪歌德的私生子。

榮格自己曾說過，他身上的人格解離在他聽到有關祖父的這個謠言之前就發生了，可是很多事例又說明榮格的這部分記憶並不可靠。但不可否認的是，榮格一定是在哪裡聽到過這種謠言。而且據說榮格一直把自己當作歌德的轉世化身。如果說榮格身上擁有至高地位和權威的第二人格是以老歌德的形象為模型的，這恐怕也不足為奇。

然而，解離後的人格形象又是以什麼為模型？這點與人具有人格解離這一點相比，恐怕就不是那麼重要的問題了。人之所以會發生人格的解離，是因曾經受到過巨大的精神創傷，時至今日，這點已是被普遍認可的事實。在幸福環境中成長的人不可能產生人格的解離。

當拘謹的現實人格遭遇巨大的精神危機，而敏感脆弱的心靈又無法保護自己時，就會發生人格的解離。正如蜥蜴一樣，被敵人抓住尾巴時，為了生存會把自己的尾巴和身體一分為二。這種失去自身人格統一的方法，也是為緊急避難而做出的一種巨大犧牲。

少年榮格已經意識到自己具有兩種人格，所以這種情況不能診斷為ＤＩＤ。但是，我們也不能否認榮格患有人格解離，因為完全的人格解離與不完全的人格解離往往具有連續現象。

第二人格是精神的避風港

榮格扮演老智者的第二種人格，可以說是替代現實中不可靠且不值得尊敬的父親的角色，保護著榮格，指引著榮格。這種現象並不只發生在榮格身上，現實中其實並不罕見。當身邊沒有任何一個可以保護自己的人時，孩子就會憑空虛構出一個人物，然後從虛構的人物身上尋求幫助。

有個女孩，父母在她很小的時候就離婚了，她一直在母親的老家和外祖父母一起生活。她不擅長和其他小孩交朋友，所以在學校經常被人欺負。漸漸地，不知從何時開始，她感覺身邊有一個比自己大的哥哥存在，她經常會喊他「大哥哥」，當她有困難時，大哥哥就會過來幫助她。她上中學時，媽媽為女兒這種一直依賴大哥哥的狀態感到擔心，便嚴肅地告訴她：「根本就沒有什麼大哥哥，你到底打算叫大哥哥到什麼時候？」從那以後，大哥哥再也沒有出現過，這個女孩從此沒再去上學，還經常做出傷害自己的行為。

其實這個女孩需要的，就是一個可以理解自己、在不如意的現實中保護自己的人。母親無法提供這樣一個安全的港灣給她，所以女孩才會虛構出大哥哥這樣一個人物以作為補償。而隨著母親親口將這個人物否定掉，女孩也失去了自己的依靠。

第二人格經常帶有保護者或者救世主的身分。典型的表現便是，當一個弱小的女孩或者纖細的女性發生人格轉換時，她會突然發出男人般粗大的聲音。

有個非常漂亮的女大學生住進了精神病院。她很小的時候父母就離婚了，上小學時，母親與繼父結婚。她性格靦腆，喜歡一個人靜靜地讀書。無論別人說什麼，她都只是對對方笑笑，從來不說自己的想法，一直靜靜地生活在自己的世界中。可是，有時她會突然發出男人的聲音，說出讓人大吃一驚的話來，而且這些話大多和性或者懷孕有關，比如「是你這個渾蛋讓這個女孩懷孕的吧，你必須承擔責任」。這些話似乎反映出這個女孩在性方面受到過某種心理創傷，或者對性有一種渴望。在說出一些自己想說的話後，女孩又會恢復之前溫柔的語氣，對別人的話只會點頭順從。

很明顯，女孩的第二人格是作為她的保護者或者代言人來行動的。第二人格出現時，也就是她無人守護的日子超越極限的時候。她曾經受過繼父的性虐待，而且母親對她也極為冷淡。

本章開頭介紹過的，將丈夫的陰莖切斷的洛倫娜也是一樣。從洛倫娜身上解離出的人格正是為了保護洛倫娜，阻止丈夫以後再對自己實施性暴力，才會對丈夫做出懲罰。

我們只有生活在有安全感的條件下，自身人格才會得以信賴、得以延續，而一旦處於極端危險的境地，我們就無法繼續停留在現實人格當中，從而分離出另一個可以保護自己的新人格，並從新人格當中尋找庇護自己精神的安全港灣。

改正強迫觀念的方法

克服強迫觀念對於控制心理狀態、恢復心理平衡來說，是一項非常重要的任務。**想從各種異常心理中恢復，防止自己繼續陷在異常心理狀態中，消除強迫觀念極為關鍵。**

消除強迫觀念的方法有兩種：一種是像賈內所做的一樣，首先將事情的源頭發掘出來，再去探討由此產生的強迫觀念；另一種便是不去發掘事情的源頭，而只是消除不合理的強迫觀念。

賈內的心理分析以及佛洛伊德和榮格的精神分析，使用的都是前一種方法。而這種方法的難處，在於很多人要麼已經完全忘記是什麼事件引起強迫觀念，要麼不想回憶。多數時候，在陷入一種病態性的強迫觀念時，患者往往無法回憶起事情的緣由所在，因為患者會對回憶那段痛苦經歷有所抗拒。

起初佛洛伊德也嘗試用賈內的催眠方法來治療患者，可是催眠方法會對患者產生各種副作用，治療效果也不能維持長久。後來佛洛伊德發現，即使不催眠，光是讓患者自由地將內心所浮現出的事情講述出來，也可以透過進入患者的無意識領域來治療患者。於是，他放棄了催眠的方法，取而代之確立了自由聯想法。

榮格也沒有使用催眠，而是透過聯想測試法以及夢的分析，來探析患者無意識的內心領域。即便是在今日，透過用繪畫或是盆栽來表現內心的形式，以治癒心靈的創傷或是強迫觀念，也是一種極其重要的方法。

後來又出現了另一種改善身心障礙的方法，即不追究事情的起因，只將強迫觀念消念。發展這個方法的第一人，是法國人希波萊特·伯恩海姆（Hippolyte Bernheim）。

伯恩海姆是活躍在佛洛伊德上一代的人物，他曾是一名內科醫學教授，當時有位在城裡開業行醫的李厄保醫生（Ambroise-Auguste Liébeault）的催眠治療法頗受好評，於是他前往拜訪。後來他將李厄保的催眠治癒效果銘記於心，開始跟隨李厄保學習催眠療法。伯恩海姆評價催眠療法是一種科學的治療方法，並且開始有選擇地對患者實施催眠療法。用今天的話來說，伯恩海姆主要是對精神官能症患者採用催眠的方法，並獲得成效。此外，伯恩海姆還明確指出，催眠的效果與暗示有關。伯恩海姆發現，即使不使用催眠，讓患者保持清醒狀態也能達到相同的效果，其關鍵在於暗示，他把這種治療方法稱為精神療法。

這種讓患者保持清醒狀態，並對其進行暗示的方法，相當於今日的「重構」心理治療方法。

所謂重構，就是改變人的認知結構。比如說，人們不能從常識性的認知出發，把不去上學的孩子看成壞孩子，而要站在另外一個立場，把孩子不去上學看成孩子的一種自我保護。從這個角度來看，就會發現孩子原來能夠正確表達自己的意願和想法，這樣一來，人們對孩子的評價就會完全改變。

另外，孩子不去上學也可以讓人意識到一些問題的存在，並從中發掘出更多的意義。透過改變自己的觀念，改變自己的處事方式，自己的心理也更容易恢復正常狀態。

人們也可以透過重構的方式，重新審視腦海中某些先入為主的觀念，進而將這些觀念徹底破壞。透過重構的方法，人們也就沒必要將一些無意識的欲望或已經忘掉的心靈創傷一遍遍地從內心挖掘出來。時至今日，這種方法經常被用於以認知行為療法為開端的各種心理療法當中。

只不過，在一些很難治癒的案例中，患者的強迫觀念多數是與內心的創傷緊密結合在一起的。因此，不管怎麼改變自己的行為及思考方式，如果無法解開心結，也就不能順利地改正自己的強迫觀念。

消除心理創傷的方法

當強迫觀念與心理創傷緊密結合在一起時，對於直面這個困難，患者往往會表現出極強的排斥情緒。但想要恢復正常的心理狀態就不能逃避問題，而必須積極地面對。雖然這是一個極為艱難且耗費時間的過程，但如果只是一味地逃避問題，將很難從強迫觀念中脫離出來。

當患者伴有嚴重的心理創傷時，有一種比催眠更安全而且可以普遍幫助患者克服心理障礙的療法，叫作EMDR註。EMDR的方法就是治療師把自己的手指放在患者眼前五十公分的地方，讓患者的眼球隨著自己的幾根手指來回移動，使患者在反覆進行眼球運動的同時，回憶起曾經受到創傷的場景。同時，如果讓患者將回憶起來的創傷與治療師分享，取得彼此間的共鳴，並且進一步改變患者的認知結構，鼓勵患者繼續積極生活，那麼確實可以達到解除患者心結的作用。

為什麼這種方法有效呢？當人在做夢、處於快速動眼期時，也同樣會發生眼球運動。並且處於快速動眼期時，作用於大腦的海馬迴長期記憶中樞會呈現活躍狀態，從這點可以看出，這種方法有效的原因可能在於眼球的運動可以刺激海馬迴，促進人類記憶的重構。

另一方面，很多人由於在幼年時期沒有得到足夠的滿足感，會對某些階段產生固著，並長期處於固著狀態中。固著是人在幼兒發展階段中的一大阻礙，一旦發生，人的興趣便很容易停留在某一發展階段而無法繼續發展下去。

要克服由固著產生的發展停滯現象，只有將出現問題的發展過程重新來過。如果幼

註：Eye Movement Desensitization and Reprocessing，眼動減敏與歷程更新療法。

年時期因某種不滿足感導致心理創傷，他仍需要在某種程度上重新獲得對這方面的滿足感。當然，很多人都是在無意識中尋求這種滿足感，比方說長大後試圖彌補自己小時候渴望的東西。

舉個身邊的例子，有的人在小時候有了弟弟妹妹之後，必須把母親讓給弟弟妹妹。這樣的人很容易對這時期產生固著，不能正常看待母親的離開，到了青年期，他仍有可能因為曾經被母親拋棄而深感不安，甚至患上憂鬱症。這樣的人還不如小時候就大膽地去親近母親，尋求母親的關心，這樣的話，以後的日子也會順利一些吧。

即使已經長大成人，從某種程度上來說，人們也有必要彌補以前感到不滿足的地方，這樣才能了解自己內心所具有的某種強迫觀念，也更能客觀地重新審視自己，逐漸從強迫觀念中脫離出來。

第六章　被當作玩偶的人們

被當作玩偶的人們

「玩偶之家」裡的居民們

易卜生的劇作《玩偶之家》，講述一位被剝奪人格的女性如何獲得獨立解放的過程，而現代美劇《玩偶特工》（*Dollhouse*）同樣以不具備人格的女性為主題，並獲得超高的收視率。《玩偶特工》可以說是劇作《玩偶之家》的現代版本。

「Dollhouse」是一個非法組織的別稱，他們誘拐女孩，並將其記憶抹去，讓這些女孩變成天真的玩偶，當執行任務時，再在她們的大腦中植入迎合顧客喜好及要求的人格，讓這些女孩為他們做事。由伊麗莎·杜什庫飾演的艾科就是這樣一個玩偶。艾科具有出色的美貌，且極為優秀，她有時會是別人的情人，有時又變身為臥底員警，她的大腦裡卻殘留了一些無法抹去的記憶……故事就是這樣展開的。

這部美劇之所以會讓觀眾毫無違和感地接受，並且刺激觀眾的想像力，原因之一就在於，它將「人類的人格和記憶是變化萬千的」這個常識滲透到我們每個人心裡。另一個吸引觀眾、刺激觀眾的原因，在於觀眾能從中體會到一種幻覺般的快感：人類竟能操縱他人的人格和記憶，把人像洋娃娃一樣當作道具來滿足自己的欲望。

而這些也與現代人的矛盾性欲望有關。一方面，人們覺得個人的人格和記憶是任何事物都無法取代的，是唯一的東西。也就是說，人們正是從這種唯一性裡找到了作為一個人的尊嚴。

如果從這種人道主義的觀點來看這部電視劇，一直被他人玩弄、被他人改變人格和記憶的艾科就是一個悲劇性的人物，因為她的人格被他人以最狠毒的方式踐踏了。可是，能真正從人道主義角度來看這部電視劇的人恐怕只是少數，電視劇製片人雖然將主角作為悲情角色來設定劇本框架，但這種設定只是故事框架的表面而已。倒不如說，這部電視劇之所以能吸引大部分觀眾的目光，原因就在於劇中所講述的，連人類最具尊嚴的個人記憶和人格，都可以被他人隨心所欲地操縱這一點。

觀眾正是從操縱者與玩偶般的非人類之間的關係中，體驗到了某種特殊的愉悅感。

艾科是個性感又極其危險的角色，每當她完成任務時，組織就會將她的記憶抹去，讓她再次恢復到天真玩偶的狀態。在接下來的劇集當中，她又被植入完全不同的人格，不斷轉換身分也是這部電視劇的另一個魅力所在。

用巴塔耶一派的話來說，這種玩弄他人人格的做法，完全是打破極端禁忌的行為，裡面不僅包含了將人類像玩偶一樣操縱玩弄的欲望，而且可能還隱藏著像給玩偶換裝一樣，輕易改變他人人格、控制他人行為的願望。

觀者內心所隱藏的願望及心理創傷不同，對這部電視劇的評價也會不同。從中我們可以看出現代人身上時常出現的兩種異常心理。

一種是像支配玩偶一樣支配他人的願望；另一種是人們對自我認同的懷疑——人類既然可以隨時卸下個人的人格和記憶，如同戴面具般遊走於不同的人格和記憶中，那自己究竟是誰？

而且，**人類在探求自我認同的同時，內心也存在想要從自身人格中逃離的矛盾心理。**從這層意義上來看，現代人既是玩偶的操縱者，同時也是住在玩偶之家裡的人。

同一性擴散的時代

人類所擁有的曖昧的自我認同，並不是現代人的特殊產物。受佛教輪迴轉世思想的影響，日本早在平安時代就出現了轉世論，作品《浜松中納言物語》就是其中之一。三島由紀夫在寫作他的最後一部作品《豐饒之海》時，也曾受過這部作品的啟示。

在生命無常且隨時可能面臨死亡的時代裡，這種輪迴轉世的思想也與當時人們將現世的自己看成一種虛無縹緲的存在有關。

人們將自己從一種特定的人格或命運當中解放出來，超越時空，讓自己飄浮在一種更大的生存空間。人們正是透過這種生存方式尋求希望與救贖。

在當今這個高度文明的時代，人們拘泥於自我個性，然而所謂的個性也不過是像面具一般，愈來愈飄忽不定。在這樣矛盾的狀況下，人們也許和平安時代的人一樣，內心充滿著矛盾和不安。對於這些內心不安且陷入人格危機的人來說，把個人人格當作可以隨意更換的面具或衣服，像變色龍似的變來變去，與固執地只以一種完整不變的人格生存下去的方式相比，可能更接近內心的現實狀況。

憑藉《假面的告白》一舉成名的三島由紀夫，最後以一部轉世論著作《豐饒之海》作為自己的遺留之作。如果將這點與他本人熱衷於健美、不斷追求外表修飾的性格結合來看的話，我們會發現三島由紀夫其實也是一個一直生活在玩偶之家、沒有個人人格的玩偶。

被遺棄的「玩偶」叔本華

住在玩偶之家、失去人格的人們是如何生存下去的呢？首先致力於解決這個問題的，是從自己的哲學中獲得答案的亞瑟．叔本華。叔本華在其主要著作《作為意志和表象的世界》中談到，這個世界只不過是一些夢幻般的「表象」而已，而推動這個「表象」的，只能是沒有任何目的和意義的「意志」。我們所有的喜怒哀樂都只是表象，這一切都是由盲目而變化多端的意志激發出來的。

叔本華的哲學，是一種透過從正面認可「存在本身沒有任何意義」，將人們從試圖獲得自我認同（自我認同即存在的意義）的徒勞中解放出來的哲學。

叔本華為何會創造出這樣的哲學？這裡需要我們思考一下心理學中圖形與背景的關係，這個問題與叔本華曾經的境遇有關。叔本華曾經在自身人格的形成過程中極為受挫，而且他確實沒有感受到自身存在的意義。

這種狀況在他很小的時候就已經出現了，因為他是個「被母親捨棄的玩偶」。叔本華與母親之間的關係一直很冷淡，父親死後，他們的關係變得愈來愈僵，最終斷絕母子關係。這其中必然有其自身的理由，但這確實也是現代社會中經常發生的狀況。

母親約翰娜和父親海因里希的年齡相差很大，約翰娜之所以接受海因里希的求婚，是為了忘記剛剛失戀的痛苦，而且海因里希出身名門，擁有雄厚的經濟實力。釣上金龜婿的約翰娜從來沒有真心愛過自己的丈夫，對於自己的親生兒子亞瑟，也僅僅是在剛出生的時候對他有過一絲愛戀。

後來成為女作家並取得出色成就的約翰娜，也承認她和世上所有的母親一樣，在孩子剛出生的時候曾經沉迷於「玩偶的遊戲」，可是她很快就厭倦了這個遊戲。她愈來愈厭煩自己的兒子，開始頻繁地參加各種華麗派對，把自身的享樂放在首位。

亞瑟得不到母親的關心，六歲就已對生活深感絕望，整天悶悶不樂。這也許是因為被母親拋棄後患上憂鬱症的緣故。對於自己的孩子，約翰娜不僅沒有給予一絲的關心，甚至將兒子趕到遙遠的朋友家中。

後來亞瑟繼承父親的事業，開始經商，可是他真正感興趣的是哲學。這時發生了一件無法挽回的不幸事件：中風發作而身體癱瘓的父親自殺了，而約翰娜沒有徵詢兒子的意向，擅自賣掉海因里希的商行。

亞瑟得以開始學習自己喜歡的哲學，但也因為母親擅自賣掉父親創立的商行，讓他對母親愈來愈不信任。而且，亞瑟也了解到父親自殺的真相。父親病倒之後，母親對他的態度極為冷淡，所以絕望的父親最後選擇自殺。

可是那時亞瑟並沒有責備過母親。對於母親的所作所為，他也一直保持沉默。那時的亞瑟還是希望能得到母親的關心。因為只有不被愛護的孩子才會注意觀察母親的臉色，才會不想去破壞母親的心情。

約翰娜用丈夫的遺產在威瑪開了一間沙龍，並開始與歌德等文人交流，之後她更成了一名出色的作家，受到很多藝術家及名士的吹捧追逐，後來竟然有了一個年齡和自己兒子相仿的情人。直到此時，亞瑟和母親的關係終於開始變得愈來愈不和諧，最終決裂。叔本華的厭世哲學正是萌芽於這樣一種境地。

對於只為自己而活的人來說，孩子就像一個玩偶。如果有更好玩的遊戲，他們就會毫不猶豫地將玩偶扔掉。可是，被扔掉的玩偶卻在苦苦尋找自己的父母。大部分的悲劇就是這樣發生的。

但叔本華卻從相反的角度得出這樣的判斷：如果自己是玩偶，那麼世界不過是個假象，是不存在任何意義的。叔本華就是透過這樣的理念，將自己從不被母親所愛的心結當中釋放出來。因此，叔本華的哲學與悲觀的偽裝避世不同，是一種強而有力的生存戰略。當然，這其中也隱藏著一種「被捨棄的玩偶」所具有的難以形容的悲傷。

被母親當作玩偶的孩子

不具有獨立人格的玩偶，不具備自身的主體性。具備主體性的玩偶，也只是在他人為其穿上現代的衣服，並給予其人格之後才存在的。在母親把孩子當作玩偶來撫養時，擁有主體性的是母親而不是孩子。這時母親成了操縱者，而孩子則成了母親的玩偶。

但是，**孩子終究會長大自立，也就是說，他終究會塑造自身的個人人格。而一直作為母親的玩偶成長起來的孩子，在人格的塑造過程中必然會屢屢受挫，容易受到痛苦的折磨。**

我們把既是自身的一部分，同時也是其他人客體的這一存在，稱為自我客體。自我客體就是按照自己所想而形成的各種所有物，自己喜歡的玩偶也是一種自我客體。成為玩偶的孩子也可以說是母親的自我客體。

然而，所謂的自我客體，本來是指嬰兒在培養與客體的關係階段，輔助其成長的一種過渡性存在。也就是說，通常自我客體指的是孩子的母親。透過自我客體對自身要求的滿足，孩子才能保持內心的安全感，得以逐漸成長。母親只有盡力去滿足孩子的需求，以一種充滿愛意的眼神去回應孩子的呼喚，一直陪伴在孩子身邊守護著孩子，孩子才能安心地長大。

可是，如果孩子變成了母親的玩偶，上述關係就成了一種相反的關係。現實中這樣的逆轉關係頻繁發生，由孩子擔當扶持父母、安慰父母的角色。

那麼，為什麼會發生這樣的逆轉關係呢？一般來說，孩子會將他人看成是自身的延伸，兩者是一種自我客體化的關係。隨著孩子長大成人，會將他人看成是一種獨立的存在，並會學習如何與他人發展雙方的關係。當孩子與他人發展成對等的相互共鳴的人際關係，他們與一直以來扶持自己、作為自我客體存在的父母之間的關係，也會轉變為一種相互獨立的關係。

可是，**如果孩子在成長階段沒有得到自我客體的充分誘導和幫助，而是在一種被過度保護的環境下長大，那麼孩子將不能獲得充分的自我獨立及安全感。**即便已經長大成人，孩子依舊很容易被自我客體化的關係所牽絆。

如今的社會，自我客體化的關係似乎更容易發生。這種現象用一句話來說，就是一種社會的自我愛戀。

自戀者過於純粹的愛情

被自我客體化關係牽絆的人，首先容易在處理與戀人或配偶之間的關係時面臨問題。

當戀人或配偶成為自我客體時，他們或者成為對方的稱頌者，覺得對方所要求自己的事物充分展現了對方的偉大；或者成為服務於對方要求的服務者。而當自己的期待無法得到實現，他們又會變得憤怒不已，強迫自我客體服從自己，或是毀掉自我客體，否則他們就會毅然捨棄自我客體。

前面我們講過，沉迷於獵色的哲學家羅素，一旦女性對他失去吸引力，他就無法忍受繼續與這名女性在一起。假如有天我們不喜歡某個玩偶了，那麼將它扔在一邊不去搭理也就意味著拒絕，可是羅素不再喜歡某個女性時，他會毫不猶豫地直接向對方說明事實。首先誘惑對方說「我愛你」，一旦對方捨棄丈夫來到他的身邊，他又會毫不猶豫地告訴對方「我已經不愛你了」。

這可以說是一種潔癖，但是更確切地說，是一種感情的缺失。對於羅素來說，唯一重要且有意義的是自己的感覺和心情。他完全不把對方的感覺和心情放在心上，正如我們不會考慮玩偶的感覺和心情一樣。

一直停留在幼時的自我愛戀中的人們，在愛情中對待自我客體的態度就是這樣的。這樣的人對自我客體的愛情，與其說是對等的心有靈犀的愛情，倒不如說是一種自我陶醉，因為對方或者可以襯托自己的偉大，或者作為偶像一樣的存在，投射出自己的理想。前者多會選擇能讚美自己，且不對自己的優越性產生威脅，而又與自己不般配的人做戀人或配偶，因為這樣可以讓自己安心地接受對方的稱頌。而後者容易選擇與自己形象相似、具備共通點的同性或是近親者作為客體；正如原本柏拉圖式的愛情指的是同性之間的愛情一樣，在自我客體化的愛戀中，異性反而是一種「不純潔」的存在。

身為雙性戀的拜倫，他最傾心的就是自己同父異母的姊姊奧古斯塔。拜倫和她之間就是一種禁忌的感情關係。對於拜倫來說，這段關係就如同性戀一般隱約而又朦朧，給拜倫帶來一種毒品般的魅力。為了封鎖人們對其近親通姦的惡劣傳言，拜倫毅然決然地與姊姊結婚，而這不可能是一場幸福的婚姻。

與自我客體之間的愛戀，並非只發生在特殊的人群身上。在當今社會，人們總會不同程度地有著自戀心態。從這點來看，任何人都存在與拜倫或是羅素相似的境況。

大部分人的自我客體化愛戀，都是對明星或偶像，甚至是對動漫人物產生的憧憬之情，這種感情通常比與現實中的人之間的感情還要強烈。因為有些人覺得，與理想化的偶像相比，現實中的人個性太不完美，讓人無法忍受。

疲於婚姻生活的家庭主婦熱衷的虛幻戀愛——「**空氣戀愛**」[註]，也可以說是一種與自我客體之間的愛戀。體現自我愛戀的自我客體關係並不會傷害到本人，也不會破壞本人的夢想，因此，與自我客體展開的戀愛是一場安全無險的遊戲。

自戀的人嫉妒深

在一個充滿自我愛戀的時代，人與人之間的關係也逐漸自我客體化，其中一個情感特徵，便是嫉妒。

與嫉妒相關的異常心理，就是我們一直以來所熟知的「**嫉妒妄想**」，其典型案例多表現在中老年人身上。中年女性總是會懷疑丈夫有沒有對自己不忠，或者反過來，性功能開始衰竭的中老年男性經常會懷疑妻子對自己不忠。哪怕配偶一直盡心盡力地陪在自己

註：對戀人或配偶以外的異性進行幻想的戀愛。

身邊，有些人還是會覺得配偶一定做過對自己不忠的事情，為了彌補自己的罪過才一直對自己溫柔有加。這些案例一般發生在中老年人的自身魅力或性功能開始下降之時。

然而最近，年輕情侶之間也出現了由對方異常的嫉妒心理導致的感情危機。

嫉妒心強的年輕人經常會監視戀人的一舉一動，或是頻繁檢查戀人的手機，透過約束對方的行為來達到獨占對方的目的。

這類型的人總是把交往或愛情關係當作一種支配或所有關係來對待。對於他們來說，戀人或配偶並不是獨立的個人，而是他們的所有物。他們將戀人或配偶當作寵物或玩偶，認為對方是自己的所有物，可以隨心所欲地支配，也就是把對方看作自我客體。結果便是，如果對方在自己的控制範圍之外與其他人有任何關係，他們就會憤怒，會有挫敗感。

有些人從小就抱有自我愛戀的心態，他們會把所有威脅自己獨占一份愛情或關懷、妨礙自己的優越性的人，看成對自己幸福造成威脅的存在。

即使對方是自己的孩子或丈夫，如果對方比自己成功、比自己幸福，他們也會想方設法地剝奪對方成功和幸福的機會。只要對方獲得的稱讚比自己多，他們就會有一種被他人輕視的感覺。隨著嫉妒心的加劇，這些人與親人也會不歡而散。配偶之所以會虐待孩子，也多是出於嫉妒心理，認為孩子從自己身邊搶走了伴侶的愛和關懷。

被當作女孩養大的王爾德

容易引發問題的自我客體化關係，除了會發生在戀愛、婚姻中，還會發生在撫養孩子時。孩子本來就是在父母的要求和意願下成長的，所以孩子會比戀人或配偶更容易成為自我客體。父母對孩子的期待不同，孩子的成長方式也就不同。有時候，父母會將自己的願望投射到孩子身上，讓孩子代替自己去實現。被當作自我客體來對待的孩子，和為了被端上飯桌才被養育的家畜一樣，並不是出於自己的意願，而是在他人的意圖下才形成了一副變形的軀體和一顆扭曲的心靈。就連他們身上所謂的才能，也可能只是為了供他人食用的一塊帶有脂肪的肉而已。

以一系列唯美主義作品《莎樂美》、《溫夫人的扇子》、《格雷的畫像》等聞名於世的英國作家奧斯卡·王爾德，五歲之前都是被母親打扮成女孩子的樣子來撫養。王爾德是次子，他有一個比自己大兩歲的哥哥，因為母親很想要一個女兒，所以在王爾德出生前，母親只準備了女孩的衣服。通常來說，既然生的是男孩，父母就會把他當成男孩子來撫養，可是王爾德的母親好像難以斬斷自己對女孩的愛戀，在撫養王爾德時，總是優先考慮自己的想法。

這樣一來，王爾德的性取向完全混亂了。他不僅喜歡穿女裝，而且一直對同性頗有好感。其實王爾德是雙性戀，他對異性和同性都會產生愛意。如果母親沒有把王爾德當作女孩撫養長大，也就不會導致王爾德性取向混亂，王爾德的悲慘結局也有可能不會發生。

說起來，三島由紀夫也有相似的經歷。之前我們講到，受祖母溺愛的三島在沒有母親陪伴的環境下長大，而三島的祖母也給三島的童年製造了一個扭曲的成長環境。祖母以「和男孩子玩太危險」為由，為三島選擇的玩伴都是女孩子，並把三島當成女孩來撫養。三島的雙性戀取向，也是受童年時期的成長環境所影響的結果。

另外，王爾德被母親灌輸的另一個思想，就是以後一定要成名。王爾德的母親曾是一位富裕的律師的女兒，受過進步的思想教育，並不是一位充滿母性的女性。她一生都將自己打扮成比實際年齡小五歲的樣子，虛榮心極強，而且非常看重他人對自己的評價。

王爾德的母親經常會說，自己在當時的社會絕對是個不平凡的女子，自己的人生也絕對不會是平凡的。她一方面熱衷於解決社會的貧困問題以及推崇女性解放，另一方面卻從來不去體會他人的痛苦。作為一名私人開業醫生的妻子，她浪費丈夫的錢如流水一般，生活極度奢侈。

而她想要將自己的絢麗人生留給後世的願望，也被植入她的自我客體——兒子王爾德的腦海裡。王爾德小時候的口頭禪，就是「我想要出名」。

王爾德認為，成名的關鍵在於能夠一鳴驚人。於是，王爾德就按自己的方法去做，並得到了人們狂熱的支持，坐上文壇之星的寶座。而王爾德做的這一切，與其說是自己踏踏實實獲得的幸福，倒不如說只是為了滿足想要追求盛名的母親的願望而已。不知不覺間，為了滿足甚至都不把自己當兒子的母親的願望，王爾德寫出了令人震驚的惡劣作品，生活狀況也變得極為怪異。而正是他醜惡可恥的生活狀態，導致了他的悲慘結局。

「藝術就是一種慢性自殺。」正如王爾德自己所說的那樣，他的人生也一直在趨向毀滅。造成王爾德不幸的晚年事件是他與阿爾弗萊德．道格拉斯之間的同性戀情被告發，根據當時的法律，他被判處有罪，並不得不度過一段監獄生活。有些人即便曾經入獄，仍然能將這段經歷化為自己的勳章，並在社會上愈來愈活躍，而王爾德卻因為入獄被刻上汙名，出獄後離開了英國，晚年在衰落中度過。

在殘酷的判決及屈辱的監獄生活打擊下，神經纖弱、容易受傷的王爾德很難將這種痛苦經歷當作對自己精神的考驗，並從中開闢出另一番境地。父親遺留的財產早已被母親揮霍殆盡，落魄的王爾德最後只能潦倒絕望地度過自己的餘生。

也許對於王爾德來說，他人生中最大的不幸就是從來沒有體驗過一份平凡的母愛。

「好孩子」的危險

父母虐待孩子，最容易發生在孩子開始有自己的思想，並且按照自己的思想做事的時候。也就是說，虐待較少發生在嬰兒期，儘管在嬰兒期撫養孩子的負擔更重。

虐待會在孩子兩歲、父母的負擔開始減輕時急劇增加，在孩子四歲的時候達到頂峰。小學低年級也是最常發生父母虐待孩子的時期。其原因就在於，小時候一直聽話的孩子開始漸漸對父母的要求產生反向心理。

當父母把孩子當作自我客體來撫養，如果孩子不聽話，父母會認為孩子對自己有「反抗」或「背叛」心理，即使是自己的親生孩子，也會因此感到憤怒、受挫。當父母把孩子當作自我客體來對待時，孩子就會被迫做出二選一的選擇：做順從父母的「好孩子」，或是做一直反叛他們的「壞孩子」。

做「壞孩子」當然會出問題，然而，當「好孩子」也並非萬事大吉。因為「**好孩子**」**會漸漸無法清楚地表達自己的想法，逐漸成長為一個時常壓抑喜悅和感情的人。**而這些問題，就像在接下來的章節裡會提到的那樣，會為孩子的將來埋下艱難的伏筆。

為什麼殺掉自己的孩子？

由虐待進而演變到將孩子殺掉的事件，近來也時有發生。將嬰兒殺死在襁褓中，或是逼迫孩子與自己一起自殺等事件，很久之前就有發生。以前發生這類事件的多數原因是當時社會經濟蕭條，很多人都食不果腹，人們不得已才會那麼做。

而在當今社會，人人都有了社會保障，很難再發生以前那種被逼迫的無奈窘況，但為什麼仍時常發生將孩子虐待至死，或是殺掉孩子的事件呢？比起經濟方面的原因，這個問題更多是出於社會和心理方面。

實際上，我們如果翻閱有關母親殺害自己孩子的相關案例，會發現在某一個時期之前，這些母親也曾經非常疼愛自己的孩子。在這個時期之後，有些母親開始對孩子表現出消極情緒，經常對孩子動怒、痛斥孩子，甚至放棄繼續撫養孩子，悲慘的事也就在這個時候發生。

母親疼愛孩子，一般都是孩子還聽從母親的時候。而當孩子有了自己的想法，母親逐漸感覺到愈來愈難以撫養孩子，於是為了管教，便開始虐待孩子。

因此，將孩子殺死的悲劇，一般不會發生在吊兒郎當的父母身上，而是發生在守戒律、責任心強的父母身上。

將孩子虐待至死的悲劇，有時也發生在人格尚未成熟的年輕母親身上，因為她們疲於照顧孩子而導致悲劇的發生。而將已經稍微長大的孩子虐待至死的情況，更多則是發生在有社會地位的人身上，他們由於自身太強的責任感，而做出殘酷的舉動。從這層意義上可以看出，將孩子虐待至死的事情，絕不僅侷限於某一種人身上。

殺人，甚至是將自己辛辛苦苦撫養長大的孩子殺死，是相當殘酷的。這便是由與正常心理只有一線之隔的異常心理所導致的。

殺掉親生兒子的悲劇

曾經發生過這樣一件事情，一名五十歲左右的男子，用電線將自己三十五歲的兒子勒死。這名男子中學畢業後就開始在電器行工作，然後憑藉自己的電氣技術做起家電修理的營生，是位忠厚且責任感很強的男人。他與妻子結婚後有了兩個兒子，然後，和他相伴十幾年的妻子與他離婚了，這件事直接導致他後來的生活過得很辛苦。兩個兒子都歸他撫養，那時小兒子才剛上小學，他順利地把兩個兒子撫養長大。

然而，小兒子在上國中三年級時出現了反常情況，變得愈來愈不想去上學，高中入學考試也沒有參加，最後輟學了。小兒子輟學後開始工作，卻一直不穩定，輾轉做了好幾份工作，最後乾脆直接待在家裡，哪都不去。除了來往於醫院的內科或者精神科，小兒子幾乎是無所事事地宅在家裡，父親覺得孩子沒有工作、整天悶悶不樂的樣子很可憐，所以對他有求必應，給他買想要的昂貴物品。那時這位父親的生意還算一帆風順，所以能一再地給兒子買昂貴的汽車和電子產品。

兒子對這一切習以為常，一旦父親沒有買到他想要的東西，他就胡作非為，亂摔家裡的東西，甚至擅自去借高利貸。即便如此，父親也沒有對他嚴加管制，一直為他善後。

悲劇發生的兩年前，小兒子曾和一個女孩交往並同居，但是兩人最後還是分手了，於是他又回到自己家中。他把分手的原因轉嫁到父親和哥哥身上，出口責罵父親，並使用暴力毆打父親。儘管如此，父親還是覺得小兒子可憐，默默忍受兒子的暴力，還給他買了他想要的相機和電吉他。

悲劇發生前差不多一年，父親被診斷患有癌症，開始經常住院。小兒子的暴力非但沒有收斂，反而變本加厲，他不僅威脅治療中的父親幫他買一億日圓的保險，甚至毆打父親，用高爾夫球桿打壞家裡的餐具。除此之外，他還故意拿哥哥出氣，搶奪哥哥的值錢物品。這位父親曾經多次和社會局、員警和醫療機構商談過，卻一直沒有下定決心對小兒子採取強硬手段。

悲劇發生的前一晚，小兒子再次逼迫父親：「你要是死了，我怎麼辦？趕緊給我買個一億日圓的保險。」遭到父親的拒絕後，他大罵父親：「你還是不是做父母的？趕緊從家裡滾出去。」於是這位父親便離開家，一個人把車停在公園裡，在外面過了一夜。

第二天早上，小兒子發現沒有早飯吃，便命令父親出去買吃的，父親也按他說的去做了。可是當天晚上小兒子又因為買保險的事情怒罵父親，遭到父親拒絕後，他又揮舞起高爾夫球桿，並從廚房拿出菜刀恐嚇父親、責罵父親：「就是因為你，我才變成現在這個樣子的。你就那麼隨便得了個癌症，你死後，我就讓哥哥來照看我了。」這位父親無奈到臥室裡蓋上被子睡覺。為了不給大兒子一家惹來麻煩，這位父親覺得一切只能自己親手解決，於是在那個夜晚，終於無法忍受，用電線將自己的小兒子給勒死。

悲劇背後的父母心及責任感

父親對小兒子剛上小學母親就不在身邊，充滿了憐憫及內疚。這種內疚心理，從小兒子國中三年級蹺課開始，到後來沒有去上高中、工作也找不到的時候，變得愈來愈強烈。父親覺得至少可以用昂貴物品來填補小兒子內心的空虛，這種笨拙想法的背後，隱藏著那顆為兒子殫精竭慮的父母心。

從父親開始對小兒子感到內疚，並對他言聽計從開始，父子之間的支配關係就已經發生逆轉了。

性格軟弱，加上父母親的離開，在被過度保護的環境下長大的孩子容易陷入不成熟的自我愛戀當中，並漸漸覺得父母對自己言聽計從是理所當然的事情。這樣的孩子會把身邊的父母當成奴隸支配，只要父母有一絲違背自己的意思，他們就會爆發過度的自戀式的憤怒，像暴君一樣殘酷地對待自己的父母。這個現象在家庭暴力的案例中並不少見。

這樣的父母一般對孩子有著極強的義務感，認為孩子對自己實行暴力，完全是因為自己沒有盡到父母應盡的責任，所以不管孩子怎麼對待自己，他們都會盡力忍耐。然而，一旦被害對象開始波及自己以外的其他人，出於強烈的責任感，他們會認為自己必須出面制止。加之這位父親也不知道身患癌症的自己還能活到什麼時候，因此在感覺已經無計可施時，產生了極端想法，認為事情只能靠自己用這種方式親手解決。

奉獻的對象也是「另一個我」

自我客體的病理除了發生在一直虐待孩子、強迫孩子順從自己的父母身上之外，還會發生在對孩子具有強烈奉獻精神的父母身上。其中，精神科醫生福西勇夫在其著作《當「另一個我」出現的時候》中提到的一個案例，令我印象深刻。

有一個女孩幼年時期就患了腎臟病，需要一直接受透析治療。她一歲時，父親因為車禍去世，只有母親一個人白天陪著她在醫院做治療，晚上還要出去賺錢養家。而且，母親還要不斷安慰已經厭倦治療的女兒。當女兒質問「為什麼只有我必須承受這些」的時候，母親有時也無言以對。

而且，醫生說，即使持續做透析，女孩也只能活到二十歲。母親想將自己的腎臟移植給女兒，可是因為血型不符，憑藉當時的醫療技術，很難做腎臟移植手術。

隨著免疫抑制劑的開發，母親終於可以將自己的腎臟移植給女兒。母親歡喜不已，立刻告訴醫生希望能給女兒做腎臟移植手術，並且費盡精力籌集手術所需的費用。於是，腎臟移植手術終於要開始進行了。

一切如母親所願，手術很成功。女兒再也不用接受透析治療，可以過正常的生活了。

可是，母親的心情突然發生了變化。明明期盼已久的手術做得很成功，母親卻像個孩子一樣，突然說她不想離開醫院。

母親的內心到底發生了什麼樣的變化呢？

福西勇夫在文中說，這些年來母親始終守在女兒身旁，已經與女兒融為一體。當女兒不用再做透析，不必再像先前那樣一直依賴母親的時候，母親便對與女兒的分離產生了不安。人們對分離的抗拒，通常會以逆行的方式表現出來。

這麼久以來，母親對女兒的犧牲和奉獻，已經在不知不覺中成為母親生命的一部分，只有那麼做，才能給母親帶來生存的價值。換句話說，對於母親而言，女兒一直像嬰兒一樣，自己必須全身心地保護她。因此，當女兒恢復健康，並且有可能從自己身邊獨立出去以後，母親也就失去了自己生命的一部分，也就是失去了自我客體。

這種情況經常表現在空巢症候群的代表——中年女性的憂鬱症上。所謂空巢症候群，是指一心一意將孩子撫養長大的女性，一旦孩子獨立，就會覺得自己失去了生存的意義，因而患上憂鬱症。

但是最近，在遠遠早於空巢症候群的階段，就已經有很多女性患上憂鬱症。孩子小時候原本是很聽話的「好孩子」，隨著漸漸長大，他們開始對自己的母親出現了反向心理，加上其他壓力，很多女性便患上憂鬱症。

最近另一種情況也有所增加。有些人一直以來為了照顧自己的父母而犧牲很多，而當父母去世之後，他們便感到一種空虛感，憂鬱不已。這種情況與前一種情況的心理體系可以說是一致的。

要減輕失去自我客體之後的失落感，其中一種有效方法，就是去獲得另外一個全新的自我客體。最可行的方法就是養寵物。**透過照顧寵物、與牠們一起玩耍，以及寵物對自己的依戀情緒，來填補失去自我客體後內心的空虛。**只不過，戒律心強、做事一板一眼的人很難接受自我客體的替代品。

失去依戀對象的悲傷

從上一節我們可以發現，**自我客體的病理並非只發生在不成熟的自戀者身上，同時還經常發生在責任感強、為了重要的人可以犧牲一切的人身上。**義務感及責任感強的人，會超乎尋常地關心自己依戀的對象。對於這樣的人來說，與依戀對象相關的日常生活及日常瑣事，都是極其重要且不可替代的。

這種極其看重自己所熟悉之物的強烈性格傾向，叫作「**固執性格**」。這種性格的人做事認真且責任感強，強烈依戀著自己所熟悉的事物，無法丟棄某些物品也是這種性格的一種特徵。固執性格也是憂鬱症患者典型的病前性格。

有位性格爽朗、喜歡幫助別人的中年女性，有天突然變得鬱悶，也不做家事了。這位女性家庭幸福，一開始我也找不到任何與她的心情變化相關的家庭問題。可是在聽她講述期間，我終於發現了一個可能的原因，就是她提到她家附近的森林被砍伐。她說，本來從家裡窗戶望出去能看見的綠色風景，一下子消失了。「我一直把那片風景看作自己生命的一部分，它遭到砍伐，我就感到心裡像是突然被鑽了個洞一樣。」說完還傷心地哭了。

和這名女性一樣，當一直熟悉的風景突然改變，因而患上憂鬱症，現實中類似的事情並不少見。很久之前，有些人就有了搬家憂鬱症的情況。其原因就在於搬家後，人們在費力去習慣新環境的同時，也失去了一直以來自己所依戀的景色和熟悉的人際關係。

當因為地震或海嘯而使得家庭乃至整個城市消失得無影無蹤，人們內心的失落感更是深不可測。強烈地依戀著所熟悉的事物，看重與物和人之間的關係的人，心靈也更易受到傷害。如果其間再發生一些痛苦的事，創傷會更大。這個時候，重要的就是要將內心的失落感和悲傷徹底地發洩出來，並加以控制，才能維持心理的平衡。

無法捨棄的人和物

固執性格的人對熟悉事物的依戀情緒格外強烈，他們對熟悉事物的變更及捨棄，都會產生一種抗拒心理。這既與本人不能靈活變通的傾向有關，也和無法斬斷與人的關係、捨棄所有物的心理有關。

而**如果對這些熟悉的事物有過某種飢渴的經歷，他們對物品的固執性格就會朝病態性階段發展**。這種飢渴經歷可能是由極度貧困的生活而來，更多是由於曾經體驗過愛的不足及孤立感，因此無法信任他人的愛的心情，以至於他們只能透過對某些物品的執著來補償自己的缺失。

有些人看到打折的衣服，即使知道自己不會去穿也會忍不住買下來，結果家裡的衣服塞得到處都是。也有一些人衣服很多，也並不打算去穿，但是把它們扔掉又會感到刺骨般的難受，以至於家裡的四個房間中有三個堆滿了衣服，自己只生活在剩下的那個房間裡。

有個年輕人，他一直將自己喜歡的幾個電視節目用磁帶錄下來，十五年來一直要求自己這麼做，以至於最後錄影磁帶堆滿了整間屋子，連從屋裡取個東西都極為不便。可是他並沒有處理掉這些磁帶的打算，因為這些磁帶已經成為他生存下來的重要證據。

還有一位五十歲左右的男性，對種植盆栽極為著迷，最後他的家中到處都是栽插枝的花盆。而且看到路上還能使用的別人丟棄的大型垃圾，他也會不自覺地將它們撿回家中。結果，不僅家裡，就連家附近的路邊也堆滿了廢物和花盆。最近由於他很少去打理自己的盆栽，花盆裡長滿了雜草，一眼望去就像一間「垃圾屋」一樣。即使鄰居向他抱怨，他也完全沒有處理掉這些東西的打算。在旁人看來這些東西可能只不過是「垃圾」，但對他來說，這些東西就像對主人非常重要的布偶或寵物，因此別人讓他趕緊丟掉這些東西的話，他當然會很生氣。

依賴症

一旦作為自己生命的一部分、一直支撐自己生存的客體被剝奪，人們就會感到失落和悲傷，最終走向憂鬱。為了避免患上憂鬱症，人們需要進行躁狂性防衛，迫使自己接受困難的考驗，或者找到一個富有愛意的新的客體。然而，無論是哪種方法，都不是輕易能做到的。因此，失去客體的人會逐漸產生對某種可以替代客體的事物的依賴行為。我們身邊最常見的替代行為，就是對酒精的依賴。

對大部分人來說，人生最初的自我客體便是自己的母親，母親所給予的擁抱和乳汁是人們獲得安全感的源泉。因為母親會溫柔地晃動我們，讓我們入睡，會用自己的乳汁滿足我們飢餓的肚囊。

之所以有些人會在失去自我客體後沉醉於酒精、藥物中，或暴飲暴食，就是因為這些替代品帶來的滿足感和母親所給予的是一樣的。醉意所帶來的舒暢感，也與小時候母親帶給我們的平靜祥和的心態一樣。

對大部分的人來說，消除失落感最迅速的方法就是喝酒，可是酒精會使憂鬱症惡化，也會使心理問題愈來愈嚴重。在中老年自殺者當中，同時患有憂鬱症和酒精成癮的人非常多。

第七章　罪惡感和自我否定的深淵

罪惡感和自我否定的深淵

戀母情結

我們經常說的「戀母情結」，與榮格所謂的「大母神」類似。大母神是人類普遍可見的原型之一，她既偉大慈祥，又有著對孩子強烈的支配欲，這支配欲強烈得如同要貪婪吞食掉自己的孩子一般。大母神般的母親形象會成為一種情結，在潛意識中支配著一直受到母親支配長大的人。

母子之間的關係愈親密，介於之間的父親或是祖父母的影響就愈薄弱，母親的支配程度就愈容易變得強烈，因此才會有愈來愈多人在不知不覺間受到大母神的支配。

在母親的支配下長大的人，對母親充滿依賴的同時，也會陷入失去自我的空虛和違和感中，他們很少能感受到自身的意義所在。這樣的人一方面想做真實的自己，另一方面又對父母言聽計從，這兩者之間存在著極大的分歧，而這種分歧又經常成為人們產生異常心理或患上精神疾病的原因。

最典型的例子，就是羅馬皇帝尼祿與母親阿格里皮娜的故事。阿格里皮娜的父親日耳曼尼庫斯曾是一位有皇帝風采、頗具才能的英雄人物，卻在三十四歲英年早逝。他遺留下的女兒，阿格里皮娜從此在不知道何時會被人殺害的驚恐中生活。阿格里皮娜唯一的願望就是自己的兒子尼祿能成為皇帝，因此，即便生活再苦再難，受到再大的屈辱，她都能忍耐。她將對手一個個毒死，為了讓自己的兒子當皇帝，又嫁給了老皇帝克勞狄烏斯。克勞狄烏斯死後，兒子尼祿終於登上皇位。

成為皇帝後，尼祿對母親言聽計從。母親對兒子的支配不僅是在心理方面，甚至觸及兒子的肉體和性愛方面。阿格里皮娜開始輔導兒子的性愛，甚至和尼祿發生亂倫關係。比起自己十四歲的年輕妻子，尼祿覺得將近四十歲、成熟美麗的母親更具有難以抵擋的魅力。可是，尼祿對母親的這種感覺僅持續到他喜歡上妻子的侍女阿克代。

當尼祿告訴母親，他想和妻子離婚，然後和阿克代結婚時，阿格里皮娜強烈反對。可是，尼祿沒有服從母親。身為皇帝的尼祿，對於長期被母親支配、成為母親操縱的玩偶的反抗情緒，終於轉變成憎恨。為了擺脫母親，尼祿漸漸對母親起了殺心。最後，尼祿將辛苦助自己登上帝位的母親殺害了。

母親死後，尼祿完全失去節制，整天沉溺於享樂，在放蕩中身敗名裂。他還沉迷於暴飲暴食和性倒錯的性行為中，甚至在一次脾氣發作時踢了懷有身孕的妻子，致使妻子和腹中的孩子同時死亡。

從那以後，尼祿不再相信身邊所有的人，就連一直忠於他的人也一個一個地被他殺掉了。他的恩師，哲學家塞內卡亦不例外。尼祿身邊只剩下對他阿諛奉承、溜鬚拍馬的人，沒有任何人再向他諫言，給他出謀劃策。最後，尼祿眾叛親離，走向滅亡之路。

酒精成癮的背後

這樣的悲劇在現代也以另一種形式反覆上演。

最近有這樣一篇報導，一位企業高階主管挪用公司的鉅額公款，在賭場揮霍殆盡，這篇報導讓大家深感世事變遷。這位主管曾經受過高等教育，身為創業家族第二代的他，年紀輕輕就躋身公司的最高管理階層。表面上他在職場平步青雲，私底下卻迷戀上賭博且無法自拔。每個週末，他都要飛往中國澳門或新加坡揮霍一場，一賭就是上億，把祖父和父親辛苦創立起來的公司財產揮霍殆盡。

如果他真的發自內心渴望繼承家族企業，是不會在歧途中浪費時間和金錢的。如果依靠自身努力成為一名高階管理者，他也不會為了一己之樂將公司財產揮霍殆盡。接受過高等教育且能力突出的人，之所以會沉迷於荒誕的行為，甚至到身敗名裂的地步，正是因為其背後隱藏著和皇帝尼祿一樣的心境，即厭煩自己的人生的心境。而這種心境產生的根源，就在於自己走在一條被他人選擇、自己卻並不期待的人生道路。

我由此聯想到另一個與此相關的案例，就是榮格所講述的一個財團小開的故事。這名財團小開曾經在美國一家大型企業擔任要職，由於患上酒精中毒性神經衰弱，向榮格尋求治療。他出身一個富有而有名望的家庭，有個可愛的妻子，生活也無憂無慮。他為何會沉溺於酒精？原因恐怕很難找到，但榮格很快就發現，這名男子之所以開始迷戀酒精，是因為他一直在迎合母親的支配欲望。

「他其實很早就應該從對母親不情願的順從中逃離出來，可他無法下定決心拋棄現在這麼優越的職位。因此他一直順從母親，受制於母親把他安置在公司。每當和母親在一起，

或是屈從於母親干涉自己的工作時，他便開始喝酒以麻痺或消除他的情緒。」——《榮格自傳：回憶．夢．省思》

經過短時間的治療後，這名男子停止喝酒，並覺得自己已經被治癒，於是又回到了美國，可是他的症狀好轉只不過是母親不在身邊的緣故。榮格這樣忠告他：「如果你回到以前的情境中，我不能擔保你不會舊病復發。」這名男子根本聽不進榮格的忠告，又回到母親的公司繼續工作，結果不出所料，他的酒精成癮再次發作。

在這種情形下，這位男子的母親再次向榮格尋求建議。榮格便勸告她撤除兒子的職位。這位母親理解榮格的意思，於是聽從了榮格的勸告。

在公司失勢的兒子當然對榮格大發牢騷。通常，醫生會為了保護患者的利益而採取不讓患者丟失工作的辦法，比如暫時停職，然後在這段時間尋求治癒的方法。可是，榮格覺得這種方法只會嚴重影響患者的未來，從長遠來看並不利於患者的恢復。

榮格的治療方法是，在被問題所困時不應該試圖逃避問題，而應該直面問題。因為逃避問題為自己爭取時間的方法，即使能在短時間內使人們避免當前的失敗，也會延誤實質上的精神恢復。

那麼，這個案例的結局是什麼呢？這名離開母親身邊的男子不僅克服了自己的酒精成癮，還憑藉自己的能力開闢出一條自己的人生道路。不久，他的能力就得以開花結果，他也收穫了巨大的成功。

尼采為何一定要殺掉上帝？

對孩子來說，脫離父母的支配是完成獨立的必要條件。如果父母的支配太過強烈，孩子就會在尋求獨立的過程中承受巨大的痛苦。

眾所周知，「上帝已死」是尼采著作中的一個重要概念。尼采的父親曾經是一名牧師，在尼采四歲時就去世了。身患腦軟化症的尼采父親度過了極為殘酷的晚年，不僅患有認知障礙，還痙攣發作、失明。據說當時父親痛苦的叫聲一直響徹屋外，或者他可能和兒子尼采一樣，最後也患上了神經性梅毒。

即便如此，尼采仍然一直很尊敬父親。尼采的母親也是一位虔誠的信徒，尼采覺得自己也應該成為一名牧師，於是他進了神學系。那麼，這樣的尼采又為何會否定上帝的存在，並創造出與基督教對立的哲學來呢？

隨著身為牧師的父親去世，尼采一家失去了生活的收入和自己的家，因為牧師一旦去世，其家人就必須遷出牧師館。一個家只靠母親微薄的養老金根本無法生活下去，不得已之下，只好搬去和祖母與兩位姑姑一同生活。好的房間都被祖母和姑姑們占了，尼采和母親以及年幼的妹妹只能擠在一間不見天日的陰暗小屋裡。父親去世時，尼采的母親只有二十五歲，她本可以再婚，可是作為虔誠教徒，母親只把對亡夫的回憶以及孩子們的成長當作自己慰藉，繼續生活下去。

正因為如此，母親對教育兒子充滿熱情，加倍地培養尼采。尼采在三歲前還不能開口說話，而且是個神經質的孩子，可是當他學會說話，幾乎也同時學會了讀書和寫字，開始顯露出天才的一面。母親為他制定功課表，片刻不離地教導尼采。母親得到一架中古的鋼琴後，也讓尼采學起了鋼琴。

母親的教育方法非常嚴格，她就像時刻揮舞著鞭子的調教師一樣，不允許尼采有任何例外，要求他做一切應該做的事情。想想她極其忠於義務的生活方式，採取這樣的教育方法也不足為奇。除此之外，姑姑們也經常用冷水浴來鍛鍊尼采的意志力。

在這樣嚴格的管教下，尼采成了一名舉止端莊的優等學生。但誰都沒有意識到，尼采為此在其他方面做出了巨大的犧牲。尼采後來回憶說：「其實我的幼年和少年時代，沒有什麼回憶是快樂的。」

然而無論如何，在母親的悉心教導下，尼采作為學費全免的免費生進入名門學校——普夫達中學，開始了他的寄宿生活。在這所學校，尼采成績第一，還會寫詩作曲，是當時的神童。但他完全無法適應滿是規章的學校生活，不管他嘗試用多強的意志力去適應，身體依然不聽使喚。

據學校殘留的病例記載，尼采經常反覆頭痛，患上風濕症或黏膜炎。而且尼采從小被噩夢困擾。另外就像前面講述的一樣，尼采還經常受幻聽和幻視之苦。可以說尼采的這些症狀，都是由小時候父親悲慘的死亡給他帶來的恐怖心理及罪惡感所致。

尼采在十幾歲就很喜歡讀書，他最欣賞的人是拜倫。因為他從拜倫的書中獲得了自身壓抑感的釋放。即便如此，尼采還是沒有違背身邊人們的期待，進入波昂大學神學系。然而，在那之後，尼采再也不能自欺欺人了。

就讀神學系時，尼采偶然得到叔本華的《作為意志和表象的世界》一書。他開始沉浸在這本書中。第一學期結束，他便不再學習神學，轉為學習古典語言學。這時，尼采克服了長年以來的幻聽症，終於從已故父親的魔咒中解放出來，重新恢復了精神的健康。

這個轉變也給尼采帶來了好運。他的指導教授認為他具有非凡的才能，由於教授的推薦，尼采年僅二十四歲就被聘為巴塞爾的大學教授。

這時，年輕的尼采與音樂家華格納結為至交，他還將自己的處女作《悲劇的誕生》獻給了華格納，以作為對華格納歌劇的稱頌。從社會性的角度來看，這也是尼采人生的最高峰，《悲劇的誕生》甫出版，不論是當時的古典語言學領域，還是在大學內部，尼采都受到了極大的嘲諷，他也因此被大家完全孤立。後來，隨著與因歌劇作品《尼貝龍根的指環》大受成功、一躍成為音樂界名人的華格納之間的關係急速冷卻，尼采也受到華格納追捧者的誹謗和中傷，漸漸失去了在社會上的立足之地。

即使成為教授，尼采的私生活也過得極不順遂，連在社交場合自由瀟灑地與女性攀談都變成他最不拿手的事情。多少能讓尼采敞開心扉的交流者，只有尼采的母親和妹妹，還有少數的男性朋友而已。一次，他極少數的信奉者中，有位男學生邀請他去旅行，也遭到他的拒絕。失意的尼采身體狀況愈來愈差，反覆頭痛和神經衰弱讓他體力不支。那位男學生在隔了一段時間後去尼采家拜訪，但怎麼按鈴都沒有回應。他提心吊膽地從窗簾縫隙中向裡偷窺，看見尼采坐在窗戶前，好像受到了驚嚇似的。這之後不久，尼采便從工作了十年的大學辭去教授職位，提早進入靠養老金生活的階段。

之後，罹患進展性麻痺症的尼采在完全失去知覺之前的九年間，之所以還能一邊去各地旅行一邊寫作，就是靠著瑞士政府提供給他的微薄養老金。

尼采之所以不能完全適應社會而過早地成為一名隱士，原因便是他過於束縛自己的身體和內心，妨礙著他去適應社會。父親不幸去世，幼小的尼采不得不背負沉重的負擔，還有就是小時候受到母親嚴格的教導，這一切經歷都使尼采內心愈來愈受束縛。

也許是為了從這一切束縛中脫離出來吧，尼采必須要去殺掉上帝。可是，僅僅透過殺掉上帝的方式，當然無法完全使他已經扭曲的心靈恢復平衡。

害怕「黑狗」的海明威

對父母的反擊可以成為孩子誕生出一個嶄新的自己的原動力，但孩子同時也會產生罪惡感。尼采所謂的「超人」，就是一個超越這份罪惡感的存在。尼采的情況同樣如此，如果想從束縛中解放出來，就必須跨越內心那份違背父母期待的罪惡感。

在尼采創造出「超人」哲學之前，他也曾被逼迫到自殺的危險邊緣。這也可以稱作真正的躁狂性防衛吧。而實際上，尼采闡述超人及永恆輪迴思想的著作《查拉圖斯特拉如是說》，也可以說是躁鬱症的產物。這時的尼采經常服用水合三氯乙醛的強力安眠藥，而且為了控制劇烈的頭痛和內心的絕望，他甚至吸食鴉片。

躁狂性防衛總有結束的時候，並不會永久持續下去。但事實是，尼采最終又受到了憂鬱症的折磨。

這樣的事情並非只發生在尼采身上。作家海明威的情況，與在社會上並未獲得成功和名聲的尼采形成鮮明的對比。海明威的作品不僅暢銷全世界，還獲得過諾貝爾文學獎，然而，即使是像海明威這麼受歡迎的作家，也免不了承受脫離父母束縛所帶來的罪惡感。

海明威和叔本華一樣，他和身為歌劇歌手的母親水火不容，而且他也把父親的死歸咎在母親身上。海明威的母親和奧斯卡・王爾德的母親相似，也把海明威當作女孩子來撫養。然而不同於王爾德的是，海明威並不順從母親，他一直想做一個有男子漢氣概的男人。

無論是海明威、叔本華，還是王爾德，他們都對自己的母親抱有排斥和憎恨心理，這種心理可以說是一種近乎生理上的厭惡感。可是當母親去世後，他們又為自己曾經對待母親的方式後悔不已。

與體弱多病的尼采相反，海明威具有強健的身體，比別人更健康。即使是這樣健康的海明威，到了四十多歲也開始變得萎靡不振，陷入酗酒和憂鬱的惡性循環中。到了晚年，海明威的憂鬱症越發嚴重，經常會害怕地叫喊：「『黑狗』來了。」漸漸地，海明威愈來愈覺得活著是一種無法忍受的痛苦，他尋死的衝動也愈來愈強烈。

後來，海明威以匿名的方式進了精神病院，接受電擊等治療，可他並沒有痊癒，經常背著妻子自殺，妻子只好把他帶回醫院。在即將登機的時候，海明威又突然想跳進旋轉著的螺旋槳中，於是立刻被人帶到附近的精神病院。在他第二次出院回到家後不久，妻子發現他的憂鬱症有復發的跡象。因為有次他們到附近的餐廳吃飯，海明威突然指著隔壁桌的一位男子，小聲地對妻子說：「那人是CIA（美國中央情報局）派來監視我的。」

海明威的憂鬱症伴隨妄想的症狀，他的憂鬱症一惡化，就會出現自己破產或者被政府機關監視的妄想。妻子害怕他再次出現這樣的症狀，時刻注意著他，即便這樣，兩天後的凌晨，海明威還是趁妻子睡覺，偷偷從寢室溜出去，將一把霰彈槍放進口中，用腳扣下扳機，淒慘地自殺身亡。

急於求死的衝動

從海明威的案例當中，我們可以看出，一個深陷憂鬱的人抱有的求死衝動是多麼強烈，這種衝動難以抵擋般地驅使著患者走向死亡。即使是精神和肉體都極為強健的人，也有可能輕易選擇自殺。

充滿行動力、表現活躍的人一旦陷入憂鬱，會更容易萎靡不振，想要求死的衝動也更為強烈，海明威便是這方面的典型例子。

很多人都無法理解，為什麼有些人會有如此強烈的求死衝動。就連自殺者本人，他們大多數人在選擇自殺之前，也無法理解為什麼有些人會捨棄自己的生命，直到他們自身也走到自殺這一步。那種深陷重度憂鬱而急於求死的衝動，就跟有些人想要從猛烈的火災中逃離、從高樓往下跳的心情一樣。他們覺得活著就像是被火焚燒一樣，是一種連死亡都無法超越的痛苦。

我們首先要明白的是，憂鬱症患者總是比他們表面上看起來更有自殺的危險。多數重度憂鬱症患者不會親口說出自己想死的衝動，就像「假面憂鬱」、「微笑憂鬱」所形容的那樣，患者平時一般都會假裝自己一切正常。憂鬱症患者重視體面，比別人顧慮得更多，因此他們會極力克制自己做出讓身邊的人擔心的事。

一直以來都健健康康、比別人更開朗更認真的人，也常常受到死亡的魅惑而選擇自殺。他們內心有著強烈的罪惡感，認為自己沒有繼續活下去的資格。他們正是受這種想法的驅使才走向死亡。

潛藏在異常心理中的罪惡感

卡爾・榮格在自傳中曾提過一個讓人印象深刻的女性案例。這個案例是榮格在剛剛成為精神科醫生時遇到的。案例戲劇性的治療過程，也讓榮格堅定了往後自己所感興趣的領域。

這名女性之前被其他醫生診斷患有一種幾乎不可能治癒的病症，用現在的話來說就是思覺失調症，但榮格懷疑她患的其實是憂鬱症。

這名女性的女兒在四歲時因傷寒而死，從那之後，她就變得悶悶不樂。如果說她是因為自己最愛的女兒去世而受到打擊才發病，也是可以理解的。然而事實卻是，她的症狀在女兒死之前就已經出現。也就是說，女兒的死並不是導致她發病的根本原因。

榮格懷疑她內心還藏有什麼不為人知的祕密，於是開始著手從患者的夢話及聯想測試中，探究她潛意識裡的東西。就這樣，隱藏在患者內心的祕密終於浮出水面。

原來這名女性在婚前有過一個深愛的男人。她覺得這個男人對自己並不感興趣，便和另一個男人結了婚。五年後，一個老朋友來拜訪她，那時她已經和丈夫生有一個四歲的女兒和一個兩歲的兒子，一家人過得很幸福。可是當時朋友說溜了一句話，徹底打亂她的人生。

和朋友敘舊時，朋友無意間談起她之前所愛的那個男人，說在這名女性結婚時，那個男人受到極大的打擊。原來那個男人只是在她面前裝作漠不關心，實際上一直愛著這位女性。

這名女性的憂鬱症就是從那個時候開始的。幾週之後的某一天，她帶孩子們去泡澡。當時泡澡的水是河裡並不乾淨的水，不能飲用，可是她看到女兒喝搓澡海綿裡的洗澡水時也裝作沒看見。兒子想喝水，她也把不乾淨的水拿給兒子喝。在過了傷寒病毒潛伏期後，可愛的女兒傷寒發作去世了。之後不久，她便因重度憂鬱住進醫院。

由於這名女性患上了憂鬱症，對她來說，連撫育自己的孩子都變成了一件極其痛苦的事情。她對孩子的危險置之不顧，才導致悲劇發生的吧。也許她覺得如果沒有孩子，自己就可以和之前愛過的男人在一起了。可以說，這名女性之所以會患上重度憂鬱症，是由她在不完全知情的情況下，對孩子見死不救而產生的罪惡感所導致的。

時至今日，雖然憂鬱症的表現形式稍有不同，卻時常發生類似這樣將孩子虐待至死的悲劇。而且和這名女性一樣，將孩子虐待至死的人也多患有憂鬱症。有些人甚至覺得自己的人生被孩子剝奪了，因為渴望從孩子的束縛中解放，才對孩子做出凶殘的舉動。

當然，也有與此完全相反的症狀。有些人一旦陷入憂鬱狀態，會認為是因為自己的某些行為才導致不幸的發生，這種症狀稱為「罪責妄想」。那位女性也有可能是因為自己的罪責妄想，覺得自己做了什麼罪大惡極的事情，可是從之後的了解中，我們知道這個可能性並不存在。

榮格對這名女性採取的治療方法相當殘酷。他坦白地將自己的診斷結果告訴這名女性，讓她知道引起病症的真相。結果，這名女性僅在兩個星期之後就恢復健康並出院，而且之後再也沒有復發入院。當然，榮格沒有把真相告訴其他同事。

從這個案例中，榮格不僅確信只有將隱藏在內心的祕密明瞭化才能使患者恢復健康，同時也確立了自己的立場，認為**不管是多麼痛苦的真相，只有勇敢面對才能夠解決問題**。

為何害怕得到幸福？

罪惡感是帶有主觀性的。雖然尼采和海明威都因為內心對父母的罪惡感而深受折磨，但事實上，他們並沒有犯下什麼真正的罪過。只不過是父母一直以來對自己的消極態度，以及不幸的童年經歷，使得他們不得不產生那樣的想法而已。

然而，**被植入罪惡感的人經常禁止自己去得到幸福，他們還會刻意讓自己過上不幸的人生。這其中隱藏著「害怕幸福的心理」**。

比如，有個人遇到了自己的理想對象，而且馬上就要結婚了，在別人看來這應該是他最幸福的時刻。可是他常常為此深感不安，因為他覺得「得到幸福是一件很可怕的事情」。這樣的心情，心理正常的人往往覺得難以理解，為什麼在最幸福的時候會有這麼負面的想法呢？可能會有很多人把這種心理簡單地理解為「這個人只不過是用這種方式來表達結婚前的些許不安，並不是什麼大不了的事情」。

但是，如果這種心理沒有得到適當處理，多半會發展成精神病症。實際上，很多人在結婚前後所表現出的憂鬱症或強迫性障礙、不安障礙等背後，大多隱藏著這樣的心理。

有一個女孩，在經歷了一場轟轟烈烈的戀愛後，終於和一直深愛著自己的男人結婚了。不過，從結婚前開始，她就一直被某種精神病前兆困擾，想著：「我真的很怕得到幸福，我真的可以幸福嗎？」可是，在他人的祝福下，她還是舉行了隆重的婚禮，開始新的生活。

婚後不久，她就出現了奇怪的「症狀」。她開始擔心自己之前犯過的錯誤或過失有沒有引起什麼嚴重的事故。比如，在辭職、結婚之前，自己所負責的產品有著嚴重的缺陷，會不會由此產生什麼更大的危害；自己會不會在沒注意的情況下開車撞到別人，然後又逃逸了呢？她開始為這些事情擔心不已。

太過在意時，她會讀遍報紙的每個角落，看有沒有類似的報導，而且她會花上幾個小時來做這些調查。在確認沒有什麼相關的事情發生後，她會稍微鬆一口氣，可到了第二天，她又會感到不安，然後重新再做一次確認。不管如何調查確認，她總是無法感到安心，就這樣每天陷在好像自己犯了什麼重罪的心情當中。

原本幸福的婚姻生活，也因為她的恐懼心理而變得完全不幸福。最初還能勉強不被丈夫發現，但她愈來愈無法把家事做好，心情也愈來愈差，看著每天哭泣的妻子，丈夫不得不懷疑妻子有什麼奇怪的地方。之後她便開始了與病症抗爭的漫長生活。幾年後，她找上筆者，在這之前，她也接受過各種醫療機構的治療，但不安的心理狀態仍沒有消失。

在治療過程中，這位女性談了幾件與病症有很大關係的事。她和丈夫開始交往時，很沒自信，覺得對方會在哪一天拋棄自己。於是，她覺得反正最後都是要被拋棄的，不如現在就和對方保持距離，對男友的邀請也從來都是採取消極的態度。看到她如此消極的態度，男友覺得她根本沒有和他談戀愛的心思，於是兩人就分手了。

過了一段時間，她聽說男友已經和其他的女孩子在一起。在一次公司的酒會上，她便接受了另一名男子的邀請，並與之發生了關係。這之後不久，男友找到她，並向她求婚說：「我不能忘記你。請嫁給我吧。」

女孩當然明白自己真正喜歡的是眼前這個男人，所以對他的求婚簡直是欣喜若狂，但同時她也心生內疚。雖說只有過一次，但是在他們分手期間，她和別的男人發生過關係。這位有潔癖的女孩一直認為自己犯下了不可挽回的錯誤。

「覺得自己罪大惡極」這樣的強迫觀念，以及「必須找到自己犯錯的證據」的強迫行為，其背後都隱藏著壓抑在心底的罪責心理。

這名女性「害怕得到幸福，自己真的可以幸福嗎？」的想法，背後隱藏的，也可以說是一種覺得自己並不值得擁有幸福的心理。

筆者在了解這位女孩的情況後，從反面來解決她的心理問題，比如告訴她：「可能是因為你愈來愈有魅力，或者是因為他害怕你會被其他男人奪走，所以才會愛你愈來愈深」等。漸漸地，這名女子承認了這相反的一面。她的病症也逐漸好轉，可以積極外出遊玩了。

她的病症恢復了七、八成，可是還不能說完全恢復。她做家事時，還是會覺得自己是不是做過什麼失敗的事情；在逗弄親戚家的孩子時，她也會擔心自己有沒有傷害到孩子；對於生活和將來，她依然沒有自信，態度非常消極。也就是說，這名女子根本的心理問題並沒有得到解決。

之後不久，她在與筆者的談話中經常談到有關她母親的事情。起初她非常依賴做著專職工作的母親，而且病症會在她回老家時稍微有所緩和。可是，與筆者的談話治療開始後，她對母親有了其他想法。她開始不斷談起母親從來沒有讚揚過她，母親從她身上看到的只有缺點，而且經常對她說「你那樣不行，不行」的負面話語。當她憑自己的判斷來做事時，母親就會說「你肯定做不來」，而她也經常被迫按照母親的要求去做事。漸漸地，她開始不會自己做決定，總是等候母親的指示來做事。儘管她長得非常漂亮，可是因為母親常常對她說諷刺的話，她便深信自己其實長得很醜。

就這樣，這名女子漸漸發現，她如此沒有自信，多少是受母親對她的消極態度所影響。而她也發現，母親這種經常性的批判否定態度，不僅是針對自己，就連對父親和兄弟姊妹以及其他人也同樣如此。

這名一直非常依賴母親的女子，終於開始與母親保持距離。對於母親的要求，她也開始採取不服從的態度。她開始客觀地看待母親對待父親和兄弟姊妹的態度，並回想以前母親是如何對待自己的。她深刻體會到，她現在的心理病症與母親那種不公平的態度，其實就是凹與凸的關係，兩者是緊密相連的。

而與此相反的是，這名女子覺得丈夫和丈夫的家人從來都不會批評他人，她總有一種自己的優點被他人完全接受的感覺，漸漸認為自己能遇到現在的丈夫真的是很值得高興的事情。對於母親，她開始能夠堅定地表達自己的觀點，而母親也漸漸開始——至少在她面前——盡量控制自己說出批評性的話語來。

這名女子開始認知到，母親之所以對自己如此強硬，也許與母親是由養母養大，在經常被養母批評的環境下長大有關。而母親一邊工作一邊愛護自己也很不容易，她開始對母親表露感激之情。最後，她和母親之間的感情變得比以前更深厚，充滿愛意和信賴。

這時，她開始提出想要和丈夫有一個自己的孩子。以前她總覺得自己的事情已經夠多了，根本沒有餘力考慮生孩子的事情，並且，一旦有人提起孩子的事，她就會感到焦躁不安。現在，雖然她有想要孩子的衝動了，但還是擔心自己能不能好好地養育孩子，會不會讓孩子受到傷害。當然，這也是在她想要孩子之前會有的心理吧。

埋藏深處的隱情

這名女子因為自己之前所犯的過錯產生了自卑心理，所以一直深信自己犯了罪大惡極的錯，內心深處又隱藏著從小就被灌輸的自我否定觀念，認為自己是犯過錯的無能的人，沒有被他人愛的價值。

一般情況下，當患者延誤了這種病症的治療，患者內心所存在的多層心理問題構造（類似這個案例），會導致病症演變為一種更強化的心理問題構造。從另一種角度來看，這個案例是因為患者對於從母親的支配中獨立出來持抵抗情緒，才導致出現這樣的心理病症。這也可以從患者一回到家病症就減輕，而一到丈夫身邊病症就加強這點看出來。

乍看是因為患者覺得自己做過對不起丈夫的事情，然而，在之後的談話中我們發現，她的病症是為了擺脫對於懷孕及生育孩子的不安心理而產生的防禦手段。與自己的罪惡意識相比，懷上丈夫的孩子後，到底能不能將孩子好好地撫養長大更讓她不安。

也就是說，在她「我害怕得到幸福」的話語中，還隱藏著另一層意義，她所謂的得到幸福，就是指和丈夫生一個孩子。因此，這句話表明了患者這樣的想法：我對我們生一個孩子以及撫育孩子很是不安。

自我否定的陷阱

與罪惡感相結合，使人內心墜入無底深淵的，就是自我否定的心理。一個人如果只是適當地、消極否定地看待自己，那麼可以說這是一種謙虛的表現，是這個人的美德或優點。但**如果太過否定自我，深信自己沒有被愛和生存的價值，最終就會進入異常心理的領域。**

固執於自我否定的人，無法重視自己的存在，他們只會做出傷害自己或是貶低、有損自己的行為。

他們之中，有些人能意識到自己正在做傷害自己的事情，也有些人完全意識不到這點，總是在無意中做出傷害自己的行為。還有些人，喜歡冒死做些極其危險的事情，雖然知道那麼做對自己身體有害，仍然炫耀似的反覆去做；也有些人會不斷浪費自己得到的機會，這樣的人多是內心抱有一種自我否定的心理。正是因為心底所隱藏的這種自我否定心理，才會使有些人雖然沒有自殺，卻在反覆做著可以說是「慢性自殺」的行為。

自我否定的表現形式多種多樣。如果自身意識不到，就會影響行為，並使一個人生成某種不可理解的嗜癖或是依賴行為。

試圖用金錢購買友情的心理

自我否定心理的產生，與被他人所愛的安全感不足有關。追根溯源，大多是因為小時候沒有從父母那裡得到無私的愛與肯定。

在人際關係上，安全感的缺乏經常表現在和朋友或同事之間的關係上。友情本來就是一種不求任何回報的對等關係，而抱有自我否定心理且缺乏安全感的人，很難與他人建立這樣一種對等的人際關係。

很多時候，有些人會覺得不用付出任何代價就能讓對方關心自己很不真實，於是經常透過給予他人物品或是金錢的方式來作為獲得對方關心的代價。有時他們還會透過直接贈予對方禮物或金錢的方式來獲得對方的關心。他們不斷贈送禮物，請對方吃飯等，可是結果卻是，本來想和他們以一種對等關係交往的人，感到很難與他們相處，最後選擇了離開。不僅如此，到最後他們身邊會只剩下以物和錢為目的的人。這樣的人一心想著用禮物或金錢來購買友情或愛情，結果卻導致真正的友情或愛情離自己遠去，身邊只剩下一些「假冒偽劣」的產品。

這種心理的萌芽，被證實發生於幼兒期後期到上小學低年級的時候。

具有強烈依戀不安心理的孩子，會透過把自己的玩具或東西贈予其他小朋友的方式，來使其他小朋友喜歡自己。這樣的孩子長大後，對他人的臉色極為敏感，無法與人建立對等的人際關係，只會透過自己單方面的給予對方禮物或金錢的方式，來維持自己的人際關係。

這種類型的孩子一旦到了青春期，開始考慮與異性建立關係的時候，就會與異性形成一種特殊的人際關係。典型的例子便是透過將自己的身體作為禮物的方式，來獲得對方對自己的興趣。如果有人想和自己發生肉體關係，雖然自己並不喜歡對方，但是也無法拒絕。

痴迷「牛郎」的人

十九歲的奈美一聽到牛郎問候自己，即使心裡明白對方只是為了工作需要，她也會不由自主地覺得對方人很好，最後淪落為牛郎的金主。奈美也知道追捧牛郎實在是很傻，可是聽到牛郎的問候，她就招架不住。

奈美也知道兩人之間只是一種交易關係，但正因為是偶然碰面的關係，所以她可以把難以啟齒的祕密或者所受的傷害告訴對方。當她說自己曾經割腕自虐，並把手臂上的傷痕給對方看時，對方就會溫柔地撫摸著她的頭，說：「真是太辛苦了。」對方這麼一說，奈美就覺得對方可以理解自己的任何事情，更被迷得神魂顛倒。

可是奈美心裡明白，牛郎們其實正在背後笑著她：「這樣的女人，只要撫摸一下她曾經受傷的手臂，並對她溫柔地說點甜言蜜語，她便招架不住了。」可是即便如此，她也希望對方能假裝溫柔地對自己。如果對方能對自己好，她什麼都願意為對方去做。

奈美的前男友也是只會在嘴上說些甜言蜜語，實際上整天不工作，一直拿奈美掙的錢遊手好閒的人。可即便如此，奈美依然不想讓男友不高興，一直給他錢花，而那錢卻是奈美靠著晚上出賣自己的身體掙來的。後來奈美厭煩了兩人之間這樣的戀愛關係，開始經常吵架，後來便分手了。可是，男友剛離開不久，奈美就覺得一個人的日子很不安，愈來愈絕望，後來因服用了大量的感冒藥和安眠藥而被送去急救。

現實中，像奈美這樣，常常感到寂寞且容易受傷的女性到處都是。這樣的女性很容易被以金錢和身體為目的而靠近自己的狡猾分子欺騙。而明知自己被騙，她們依然依賴著這樣的關係。因為在這樣一種虛有其表的偽裝關係下，還有一個毫無保留接受自己的人存在。

隱藏在依賴欲望背後的愛情飢渴

奈美這類人的特點在於，他們的內心充滿強烈的對愛情的飢渴。因為太過渴望得到愛情和關懷，他們就像把任何食物都看成美味佳餚的人一般，把他人偽裝的關懷或口頭上的愛情，當作可以滿足自己欲望的東西，並誤以為那是他人重視自己的表現。

通常，愈是想要欺騙對方的人就愈會花言巧語，因此人們很容易被這些人所欺騙和多番利用，有時還會受到對方暴力控制。可是，充滿愛情飢渴的人從來不會把對方往壞處想。他們無法看到對方不好的地方，只是一心想著對方曾對自己說過的甜言蜜語，因為唯有時刻相信對方是愛著自己的，他們才能繼續生存下去。

奈美這種類型的人，無法一個人生活。一旦沒有人在自己身邊，他們就會感到極為不安。沒有人陪在自己身邊，沒有人在耳邊溫柔細語，他們就會心神不定、忐忑不安。因此，即使知道對方是個爛人，光想到要和對方分手，他們就已經感到活不下去。哪怕自己受點苦，只要能緊緊抓住對方，他們也願意。他們堅信，沒有人在身邊，自己一個人是無法生活下去的。

我們稱這種類型的心理病症為「**依賴型人格障礙**」。其主要特徵就是，患者深信自己無法在不依賴他人的情況下生活下去。因此，患者很容易受到他人的支配，並且只有在被他人支配的情況下才會感到安心。

像奈美一樣，自我否定感強烈且反覆自虐的人，不只具有依賴型人格障礙，還患有邊緣型人格障礙。具有依賴型人格障礙的人在被他人拋棄之後，多會陷入邊緣型人格障礙的心理狀態中。

依賴型人格障礙患者在無法支撐自己的情況下，還會沉溺於藥物或酒精當中，或是熱衷於某個新興宗教，心儀於某個反社會人物並和其一起犯罪等。有時患者本身是個溫柔善良的人，只是太容易受到身邊的人影響，太容易受到他人精神控制，才會像換了一個人似的，做出與原本的自己完全不相符的事情。

不惜出賣肉體的心理

患有依賴型人格障礙，進而患有邊緣型人格障礙的人，都**缺乏基本的安全感及自我肯定**，其根本原因多是**曾有過不被父母認可的經歷，從小就沒有得到過父母的愛**。

依賴型人格障礙者，從小對父母言聽計從，他們透過這種方式來討父母的歡心，讓父母認可自己。因此，這樣的人長大後一旦沒有遵從對方的要求，不去討好對方，就會覺得自己犯了什麼重大錯誤，感到萬分不安。

邊緣型人格障礙者，多數都是小時候父母就對其不管不顧，或者母親的關心總是變化無常，在極度缺乏安全感的環境下長大。這樣的人與母親之間的依戀關係很不穩定，經常會擔心自己是不是被母親拋棄了，不確定自己和母親的關係以後會如何發展。同樣地，他們也很難對其他人產生真正的信賴和安全感。

和奈美一樣，這些人一旦找到可以依賴的對象，就會把對方當作白馬王子或是天使，對其過度信賴，結果只能是白費力氣，反覆周旋於被背叛或背叛的結局當中。

不管生活環境多麼貧苦，對孩子來說，只要父母給予足夠的愛，他就會像公主或王子一樣長大。即使沒有金錢，孩子如果被當作整個家庭的寶貝，所有的人都會把這個孩子的一舉一動放在心上，把所有精力花在他身上，照顧他，對他的茁壯成長感到欣喜若狂。然而，患有依賴型人格障礙的人從未得到家人的關注，他們在家庭中多是配角。

發生在奈美身上的故事也是一種典型情況。奈美有一個比自己大兩歲的姊姊，可是姊姊從小體弱多病，從小就患有哮喘，比起身體健康且不用父母操心的奈美，母親把所有的關心都傾注在姊姊一個人身上。而且，奈美一直覺得姊姊頭腦聰明，長得也漂亮。實際上，奈美也非常漂亮，但是因為母親總是在自己面前讚揚姊姊，所以奈美從小就被灌輸自己比不上優秀的姊姊，所以誰都不會讚揚自己的想法。

像奈美這樣，從小就被當作配角撫養長大的人，一旦體會到只屬於自己的被關心的感覺，他們就會感到一股強烈的快感，並被那種愜意的心情所吸引。年輕女性每月願意花費幾十萬日圓，甚至不惜出賣自己的身體，往來於各類牛郎之間，也多是受這樣一種心理操縱。

半求、半不求的自殺心理

如果一個人從年輕時就一直企圖自殺或是沉浸在自虐行為當中，那麼這個人所抱有的求死衝動就會變成一種慢性的、持續性的自殺行為。這樣的人大多具有比較嚴重的自我否定心理，同時難以與他人建立一條有安全感的愛的紐帶。而這兩種情況多是由於小時候沒有從父母那裡得到足夠多的愛，或是有過被父母拋棄的經歷所導致的。

就在最近，一項具有衝擊力的研究結果公諸於世。

研究對象分為兩類：患有憂鬱症的年輕人和心理正常的年輕人。研究人員讓他們分別與自己的母親談話，並將談話過程錄了下來，然後透過FMRI（功能性磁振造影）調查他們腦部的活動。結果發現，當心理正常的年輕人與自己的母親談論積極性的話題時，與跟其他人談話相比，其吻側前扣帶皮質和紋狀體的活動更為活躍，這也證明心理正常的年輕人在跟自己的母親談話時，更能產生共鳴和身心的愜意。

然而，當患有憂鬱症的年輕人與不是自己母親的人談論積極性的話題時，其腦部反應與心理正常的年輕人沒有區別，而只有聽到自己母親的聲音時，其反應才比正常年輕人更為遲鈍（原文註：Whittle et al., 2011）。這個實驗結果也就暗示，**患有憂鬱症的年輕人多與母親之間有著不穩定的依戀關係，這些患者所具有的自我否定心理也與缺乏母親的正面支持息息相關。**

一些年輕氣盛的人也會有傷害自己、希望自己從世界上消失的求死衝動。這個衝動在演變成悲劇的同時，也會產生一種奇妙的矛盾事態。正因為年輕，這些人在求死的同時也有一種繼續活下去享受人生的欲望。這種求死和求生的衝動，會在內心形成進退兩難的矛盾心理，使得他們在兩種衝動間不斷徘徊，反覆在危險邊緣掙扎。

就像俄羅斯輪盤一樣，他們撥動生命的輪盤求死時，也同時享受著自己的人生。然而，一旦他們在一瞬間失足，想要活著的願望就會連同自己一起墜入死亡的萬丈深淵。

這就是半求半不求的自殺心理。

搖滾歌手尾崎豐的著名歌曲〈畢業〉，時至今日仍然受到大眾的狂熱追捧。在他的遺書被公開後，人們又開始關注他的死亡之謎。那封遺書暗示，尾崎的死至少是廣義上的自殺。可是，在他的遺書中所寫到的「再見，我會做夢的」，一方面在字面上可以看出他想自殺的心理，而另一方面又深深地反映出，比起自殺的衝動，他內心更多的是對生存的留戀，和想要緊緊擁抱生命的願望。而且，在另一封他寫給妻子的遺書中，其言語間無不流露出對妻子和兒子的愛與祝福，不禁讓人覺得，這位擁有純粹靈魂的藝人，即使是在遍體鱗傷之際，也依然真心地想要活下去。

又或者在他想要自殺的時候，他只需轉動一下生命的輪盤，再賭一把，說不定也會遵天命繼續活下去吧。

不需要完美的人生

這種類型的人，大多在度過十幾歲到三十五歲這個不穩定期後，會逐漸沉著冷靜下來。也就是說，如果能安全度過那段時期，人們求死的衝動就會逐漸淡化。因為過了那個時期，人們在克服自我否定感的同時，可以對自己的人生做出適當的妥協。年輕時，人太過於追求完美，然而隨著年齡的增長，他們會發現，所謂完美的人生只不過是自己在腦海中描繪的一幅圖畫而已。即使自己的不完美，也能從現有的事物中找到自己的價值所在。

雖說中老年人的自殺與年輕人的慢性自殺有著不同的特點，可是選擇死亡時的心理狀態，年輕人和中老年人都是一樣的。那就是**認為自己沒有生存價值的強烈自我否定心理**。

另外，容易陷入這種心理狀態的人通常具有相同的性格傾向，那就是**非黑即白的二分法思考方式**。二分法思想也可以說是一種完美主義。這樣的人什麼事情都要追求百分之百的完美，如若不然，他們就會覺得一切都一無是處。對於具有自我否定感及求死衝動的人來說，他們會覺得自己的人生與他所追求的完全不同，自己已經沒有活下去的價值了。

一個人一旦陷入自我否定的心理狀態，那麼不管他在現實人生中取得多麼優秀的成績，都會深信自己一無是處。

為什麼曾經獲得諾貝爾獎的海明威和川端康成非選擇自殺不可呢？其中就與他們過度的完美主義有關，他們都無法忍受自己不完美的人生。然而歸根結柢，兩人都是因為沒有得到過父母的愛，才造成如此嚴重的心理創傷。

不能靈活變通的二分法思考方式，其根本就在於人們的自我否定心理。而這種心理，多數情況下是由沒有得到過父母的愛和認可導致的。當這種心理進一步與否定自我價值的現實狀況相重疊時，就會將一個人擊倒，讓其懷疑自己生來就沒有意義。

為何完美主義與自我否定有關？

為什麼非黑即白的二分法思想會與自我否定有關？因為**二分法思想是由自我否定、出於保護自己的目的發展而來的**。

覺得自己被父母拋棄、認為自己一無是處的孩子，當他們完成一件事並得到他人評價時，心中就會出現兩個自己。一個是受到他人肯定的自己，一個是被否定的自己。被否定的自己沒有任何長處，是個無可救藥的人，而正因為如此，這樣的自己才會希望自己一直是個受到別人肯定的人。由此，孩子就會漸漸希望自己成為一個完美的人，漸漸對不完美、無價值的自己感到驚恐和蔑視。也因此，面對不完美的自己時，孩子會感到愈來愈強烈的憤怒及挫敗感。

只要事態的發展大致是理想的，沒有傷害到自己的自尊心，他們內心所隱藏的自我否定就會被「自己是完美的」這個想法所覆蓋，不會在表面上顯現出來。

可是，**當事態的發展偏離自己理想的計畫時，他一直以來所採取的由完美主義來保護自身價值的防禦機制就會崩毀。**這時，完美主義者拒絕接受現狀，並把無能為力的這種不完美狀態，當作一件不可饒恕的事情來不斷鞭策自己。**當長期保護自身價值的完美狀態無法維持，自我否定感就會再次邪惡地浮上心頭。**

無論如何追求完美，都無法克服隱藏在內心深處的自我否定感。而且，透過完美主義的策略來保護自己的行為也是極度危險的。當事態進展順利，這個策略會發揮有效的作用，然而當事態的發展不順遂時，不但保護不了自己，甚至會把自己逼到絕境。因此追求完美的人生，根本無法真正保護一個人。

擺脫非黑即白的思考方式

人們為什麼會陷入非黑即白的二分法思想當中？又該如何從中擺脫呢？

給出最明確回答的，就是來自美國的精神科醫生瑪莎・林納涵（Marsha M. Linehan）。林納涵在研究反覆企圖自殺及自虐行為的邊緣型人格障礙（ＢＰＤ）的治療方法中，得出這樣的結論：ＢＰＤ的根源在於統合對立的功能不健全，只有重新獲得統合功能，克服二分法思考方式，才能改善這個心理狀態。

對於具有二分法思考方式的人來說，失敗與成功是對立的，「不管自己怎麼做都只會失敗」，他們陷入了這種思維方式中。但實際上，失敗常常是成功之母，人們正是在經歷諸多失敗之後才成功的。也就是說，失敗和成功雖然在語言上是兩個對立的概念，但也僅僅是語言上的制約而已，實際上，失敗和成功並非兩個相互對立的概念。失敗和成功具有連續性，它們是彼此的必要條件，只是截面不同而已。

對於能從統合的角度、廣闊的視野看待事物的人來說，即使經歷失敗，他們也不會把自己的一切都看成失敗，而會覺得失敗只是為了讓自己做好成功的準備。而如果是具有過強的二分法思想的人，哪怕只是一次失敗，他們也會感到一切都失敗了，進而挫敗不堪。

有不好的事情發生在自己身上，這並不代表整個人生都是如此。有時壞事也會變成好事，正因為有壞事發生，當好事發生時才會有更強烈的喜悅之情。如果你能夠這樣想，你就是個有平衡感的統合思維發達的人。

而對於容易陷入二分法思考的人來說，哪怕壞事只在自己身上發生一兩次，他們也會覺得自己做的所有事情都是失敗的，自己的將來也只能是失敗的。

那麼，我們應該怎麼做才能克服這種二分法思考呢？為此，林納涵確立了一種行之有效的方法，叫作**辯證行為治療**。這種方法並不是以事物否定的一面為焦點，而是促使人們將事物的焦點集中在肯定的一面上：**即使壞事發生了，其中肯定還會有些好的東西存在。辯證行為治療法正是從這種角度來指導人們正確看待事態的發展。**

在醫生為患者帶頭示範這樣一種思維方式的持續治療中，患者也會漸漸形成這樣一種思維方式。即使是已經失敗的事情，也依然能肯定其背後有某種意義所在——透過這樣的思考方式，患者能夠感覺到自我價值，進而使其內心的自我否定心理得到緩解。

這個方法，與只在孩子獲得完美成就時才讚揚孩子的行為完全相反。這種辯證方法透過使人們認知到即使是在不完美和失敗中也存在著價值，來幫助人們從「如果不完美就失去自我價值」的思想中解放出來。

也就是說，如果想要孩子將來內心充滿自我肯定感，並具有極其穩定的人格特徵，比起只在孩子出色地完成目標時才讚揚孩子，更重要的是**在孩子沒有順利完成目標時，也能從中發現孩子的優勢所在，並對其加以肯定**。

在這種教育方法下成長的孩子不會害怕失敗，也不會把失敗當成失敗，而是試圖從失敗中記取教訓。而且，孩子也不會因為失敗就認為自己毫無價值，他們會認知到，**失敗**

也有其意義所在，並從失敗中找到意義。教會孩子掌握這種思維方式，對孩子往後的成長多麼有利，這點恐怕是不言而喻的吧。

反過來說，陷入二分法思考方式，拘泥於追求完美的人，一般都是只在取得優秀成績時才會得到肯定的人。他們大多是在「不完美就沒有價值」的觀念下長大。也就是說，與肯定孩子的價值、愛護孩子相比，他們的父母實際上更注重的是在孩子取得優秀成績的前提下，給予孩子愛和認可。

在這樣的教育下，如果孩子達不到父母的要求，辜負了父母的期望，就會得到父母否定的評價。他們從來就沒有得到過父母無條件的肯定。林納涵認為，二分法思考方式就是由父母對孩子直截了當的不認可態度引起的。

為了幸福的人生

完美主義及非黑即白的二分法思考方式導致人們走向不幸。無論一個人有多大的才能，身處多麼讓人羨慕的環境，一旦他陷入完美主義或二分法思考方式，這個人就容易產生自我否定的心理，導致自己走向不幸。為了不讓我們的人生陷入不幸，我們必須防止自己受到二分法思考方式的侵害。

完美的自己並不是最好的。一個人若一味追求完美，他就有可能為自己不幸的將來「做準備」。與完美相比，不完美的事物才是最穩定的，我們只有接受自己的不完美，並將它展現出來，才會得到他人的愛和認可。

即使人生中有不如意的事情發生，我們也要把它當作人生的一種樂趣。不如意之事也有它的意義，從這種角度出發，**努力從不如意中找到其隱藏的財富，我們才會收穫幸福。哪怕面對的是煎熬或失敗，也要苦中作樂。**

在事情發展順利時，享受幸福就好；當事情發展不順利時，也別有一番滋味。事後我們會感慨不如意、苦苦掙扎的時候，才是自己最努力在為生存奮鬥的時刻。成功的光輝固然會帶給我們一些幸福的感覺，但在痛苦鬱悶的日子中，更能體會到更深層次的人生哲學。無法言喻的苦悶、悲傷、後悔和遺憾，**正是這些負面情緒使我們的人生成為真正的人生。**只擁有幸福的人生，就像只能吃甜甜的蛋糕一樣，總有一天你會受不了。無論是幸福還是不幸，我們每個人的人生都是有好有壞。

說一個人有多幸福，不是看有多少多於他人的好事發生在他身上，而是看他能從壞事中發現多少可取之處。

【結語】

異常心理的根源

以上七章講述了很多異常心理的情況。雖然表面上看起來不同，但是大家沒感覺出它們的本質其實都是相通的嗎？從另一個角度來看，透過異常心理，我們可以了解人類生存所必需的基本欲望。當這些欲望被破壞時，人就會被吞進異常心理的世界當中，不斷做出旁人無法理解的行為。

那麼，從大部分異常心理中，我們了解到的人類最根本的欲望又是什麼呢？

人類最根本的欲望，就是本能地將自己保護起來的欲望，以及謀求他人認可和愛的欲望。當這兩種欲望被破壞時，人們就會陷入病態的自我目的化心理或自我絕對主義的觀念當中，進入沒有出口的追求自我的封閉電路中，又或是只能透過矛盾性或解離的方式引起自身人格分裂，來達到保護自己的目的。

如果這兩種基本欲望能在日常生活中得到滿足，人們就不會陷入異常心理。可是沒有人會一直處於這樣的順境當中，那麼當這兩種欲望得不到很好的滿足時，我們應該怎麼辦呢？

重要的是，不要陷入自我目的化或自我絕對主義的封閉電路中。我們需要時常審視自己的行為，切記不要拘泥於某種狹隘的價值觀或者一種觀念當中。所謂的拘泥就是固執、死心眼。如果覺得自己沒有這種固執就無法生存下去，那你就錯了，相反地，這種固執只會使你人生的可能性變得愈來愈少。

另一點就是與他人之間的溝通。即便我們一時陷入封閉電路中，也可以藉由他人的幫助從中脫離出來。哪怕身邊只有一個可以談心的對象，只有一個人讓我們有安全感，只要藉由這個人的幫助，我們被逼到絕境的機率也會降到半成以下。從這層意義上來說，平時一定要看重與身邊朋友的關係。

隨著全球化的加劇及社會差距不斷擴大，人們愈來愈只顧追求自身利益及生活的舒適，反覆進行著弱肉強食的殘酷競爭，不達目的誓不甘休。每個人都被捲入這場競爭當中，人們開始對他人的痛苦無動於衷，只知道躲進自我目的化及自我絕對主義的堡壘當中。

二〇一一年三月十一日，一場襲擊東日本的巨大地震和強烈海嘯吞噬了很多無辜的生命，這也成為日本歷史上的一大慘事。那些一代一代傳遞下來的生命，以及人們花了那麼長時間才創建起來的家園、街道，都在一瞬間消失得無影無蹤，我們也從這股強大的災難力量中，認識到大自然的恐怖與人類的無能為力。

驚悚的核電廠事故以及無以計量的重大損失，在某種意義上也告訴我們，當人類貪婪追求享樂的欲望達到極限時，勢必會走向絕望的深淵。

然而，即便在如此絕望的狀況下，我們在挽救自我的同時也記取了教訓。即便面臨一切都被奪走的慘狀，災區的人們依然冷靜地保持著秩序以及自己的同情心，這一點也讓他國的人們驚嘆與讚賞。這並不只是因為日本東北地區的人們那種堅韌不拔的精神，還因為他們一直都特別看重人與人之間的紐帶。

在強烈的危機意識中，我們開始重新審視社會應有的狀態及生活方式，也再次重新認識到人與人之間的紐帶和溝通的重要性。

如今我們再次面臨應該如何生存、應該如何與人聯繫的問題。每個人都不想失去內心的依靠，都在追求一種全新的社會體系及平衡的生存方式。為了能在混亂的時代中堅強地生存下去，我們首先能做的，難道不是珍惜與身邊人之間的紐帶，同時又保有一顆能對任何細微事物都深感幸運的豐富內心嗎？

岡田尊司，二〇一一年十二月

國家圖書館預行編目資料

怪癖心理學/岡田尊司著 ; 顏靜譯. -- 初版. -- 臺北市 : 寶瓶文化事業股份有限公司, 2021.02
面 ; 公分. -- (Vision ; 207)
ISBN 978-986-406-214-0(平裝)
1.變態心理學
175 109021628

Vision 207

怪癖心理學

作者／岡田尊司
譯者／顏靜

發行人／張寶琴
社長兼總編輯／朱亞君
副總編輯／張純玲
主編／丁慧瑋 編輯／林婕伃
美術主編／林慧雯
校對／林婕伃・陳佩伶・劉素芬
營銷部主任／林歆婕 業務專員／林裕翔 企劃專員／李祉萱
財務／莊玉萍
出版者／寶瓶文化事業股份有限公司
地址／台北市110信義區基隆路一段180號8樓
電話／(02) 27494988 傳真／(02) 27495072
郵政劃撥／19446403 寶瓶文化事業股份有限公司
印刷廠／世和印製企業有限公司
總經銷／大和書報圖書股份有限公司 電話／(02) 89902588
地址／新北市新莊區五工五路2號 傳真／(02) 22997900
E-mail／aquarius@udngroup.com

法律顧問／理律法律事務所陳長文律師、蔣大中律師
如有破損或裝訂錯誤，請寄回本公司更換
著作完成日期／二〇一二年
初版一刷日期／二〇二一年二月三日
初版二刷+日期／二〇二四年三月二十五日
ISBN／978-986-406-214-0
定價／三七〇元
ANATA NO NAKA NO IJOSHINRI

AQUARIUS 寶瓶 文化事業

愛書人卡

感謝您熱心的為我們填寫，
對您的意見，我們會認真的加以參考，
希望寶瓶文化推出的每一本書，都能得到您的肯定與永遠的支持。

系列：Vision 207　書名：怪癖心理學

1. 姓名：＿＿＿＿＿＿＿＿＿　性別：□男　□女

2. 生日：＿＿＿年＿＿＿月＿＿＿日

3. 教育程度：□大學以上　□大學　□專科　□高中、高職　□高中職以下

4. 職業：＿＿＿＿＿＿＿＿

5. 聯絡地址：＿＿＿＿＿＿＿＿＿＿＿＿＿＿＿＿＿＿＿＿＿＿＿＿＿

   聯絡電話：＿＿＿＿＿＿＿＿＿　　手機：＿＿＿＿＿＿＿＿＿

6. E-mail信箱：＿＿＿＿＿＿＿＿＿＿＿＿＿＿＿＿＿＿

   □同意　□不同意　免費獲得寶瓶文化叢書訊息

7. 購買日期：＿＿＿年＿＿＿月＿＿＿日

8. 您得知本書的管道：□報紙／雜誌　□電視／電台　□親友介紹　□逛書店　□網路
   □傳單／海報　□廣告　□其他

9. 您在哪裡買到本書：□書店，店名＿＿＿＿＿＿　□劃撥　□現場活動　□贈書
   □網路購書，網站名稱：＿＿＿＿＿＿＿　□其他＿＿＿＿＿＿

10. 對本書的建議：（請填代號　1. 滿意　2. 尚可　3. 再改進，請提供意見）

    內容：＿＿＿＿＿＿＿＿＿＿＿＿＿＿

    封面：＿＿＿＿＿＿＿＿＿＿＿＿＿＿

    編排：＿＿＿＿＿＿＿＿＿＿＿＿＿＿

    其他：＿＿＿＿＿＿＿＿＿＿＿＿＿＿

    綜合意見：＿＿＿＿＿＿＿＿＿＿＿＿＿＿＿＿＿＿＿＿＿＿＿＿＿＿＿＿＿

11. 希望我們未來出版哪一類的書籍：＿＿＿＿＿＿＿＿＿＿＿＿＿＿＿＿＿＿

讓文字與書寫的聲音大鳴大放

寶瓶文化事業股份有限公司

（請沿此虛線剪下）

廣　告　回　函
北區郵政管理局登記
證北台字15345號
免貼郵票

寶瓶文化事業股份有限公司　收

110台北市信義區基隆路一段180號8樓

8F,180 KEELUNG RD.,SEC.1,

TAIPEI.(110)TAIWAN R.O.C.

（請沿虛線對折後寄回，或傳真至02-27495072。謝謝）